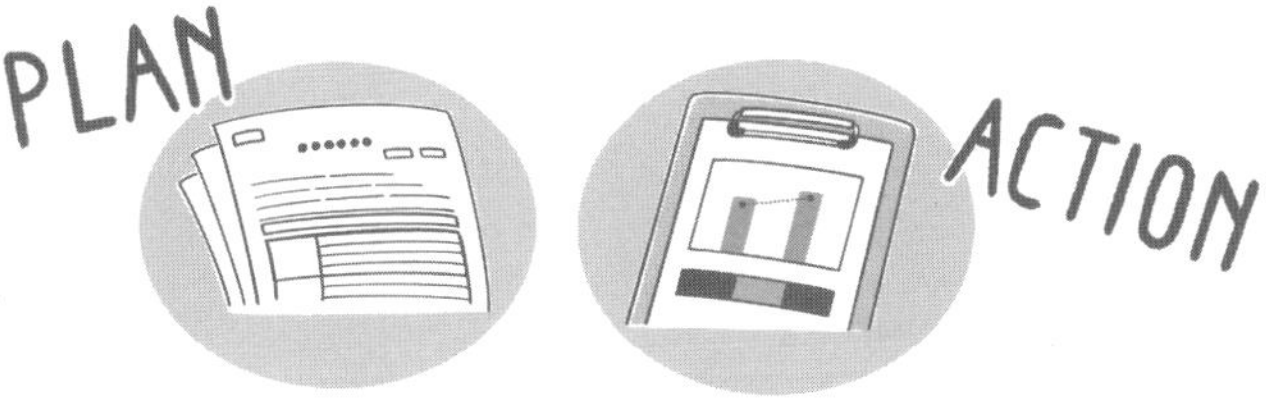

これならわかる スッキリ図解 LIFE 科学的介護情報システム

小濱道博
小林香織
森 剛士 著

SE
SHOEISHA

はじめに

LIFEの活用が少しずつ本格的に

フィードバック票が不十分な現状

令和3年4月に開始されたLIFEは、もうすぐ3年目に入ります（執筆時点）。フィードバック票の提供が不定期、かつ、不十分ということで、この2年間は加算を算定するだけという事業者も多かったと聞きます。しかし、それでよいのでしょうか。

科学的介護推進体制加算を初年度から算定している場合、少なくとも4回分の全利用者の評価シートが施設・事業所に保管されているかと思います。フィードバック票が暫定版であっても、評価シートを有効的に活用することで、ほかの事業所との差別化が可能となるでしょう。フィードバック票がまだ未完全な状態でも、評価シート等を用いて、他施設・事業所よりも早くLIFEの活用を進めることは、今後生き残っていくうえで大切です。

正式なフィードバック票の提供から活用の場の拡大まで

今まで評価シートの状態だった利用者別のフィードバックですが、いよいよフィードバック票の提供が開始されようとしています。また、令和6年度介護報酬改定から「訪問サービスと居宅介護支援事業所でのLIFEの活用」や「医療のデータベースとの連携」も予定されています。今から、LIFEを活用しないという手はありません。

評価方法やデータの読み方だけでなくセキュリティー対策等も解説

本書では、フィードバック票がなくてもLIFEは活用できること、そのために必要な手法、新たに提供が始まる利用者別フィードバック票の読み方と活用の仕方等も解説しています。また、LIFEで用いる評価指標の意味と評価方法、LIFE関連加算の算定要件も盛り込みました。

そして、現時点で考えられる最高の執筆者のご協力のもと、自立支援介護の考え方や、バーセルインデックス（BI）の点数の上げ方、セキュリティー対策、介護記録ソフト等のテーマにも踏み込んでいます。

介護業界のICT化はこれからさらに進んでいく

LIFEへの取り組みは、これからの介護保険制度改正・介護報酬改定の事前準備にもなります。LIFEは始まったばかりです。まだまだ赤ちゃんの状態ですが、時間の経過とともに大きく成長していくでしょう。これは「LIFEによって、介護保険制度の新たな時代が幕を開ける」といっても過言ではないのではないかと思います。

これからのLIFEですが、様々なところで方向性や改善策等について触れられています。令和6年度介護保険法改正の意見書では「今後、LIFEのフィードバック票を改善していく」ということが述べられていました。また、職員のデータ入力の負担を軽減するために、入力内容を簡素化しようという意見も出ています。さらに「ケアプランの作成時に、AIとともにLIFEもきちんと活用しよう」といわれています。

このように、厚生労働省が主体となって、介護業界のICT化はさらに加速していくでしょう。そして、それに伴いLIFEもさらなる進化を遂げていくと思います。どんどん発展していくLIFEとともに、事業所のスタッフも成長していくことが理想です。この書籍がその一助になることができると嬉しいです。

2023年2月　小濱　道博

本書内容に関するお問い合わせについて

このたびは翔泳社の書籍をお買い上げいただき、誠にありがとうございます。弊社では、読者の皆様からのお問い合わせに適切に対応させていただくため、以下のガイドラインへのご協力をお願い致しております。下記項目をお読みいただき、手順に従ってお問い合わせください。

●ご質問される前に

弊社Webサイトの「正誤表」をご参照ください。これまでに判明した正誤や追加情報を掲載しています。

正誤表　https://www.shoeisha.co.jp/book/errata/

●ご質問方法

弊社Webサイトの「刊行物Q&A」をご利用ください。

刊行物Q&A　https://www.shoeisha.co.jp/book/qa/

インターネットをご利用でない場合は、FAXまたは郵便にて、下記“愛読者サービスセンター”までお問い合わせください。
電話でのご質問は、お受けしておりません。

●回答について

回答は、ご質問いただいた手段によってご返事申し上げます。ご質問の内容によっては、回答に数日ないしはそれ以上の期間を要する場合があります。

●ご質問に際してのご注意

本書の対象を越えるもの、記述個所を特定されないもの、また読者固有の環境に起因するご質問等にはお答えできませんので、あらかじめご了承ください。

●郵便物送付先およびFAX番号

送付先住所　〒160-0006　東京都新宿区舟町5
FAX番号　03-5362-3818
宛先　（株）翔泳社 愛読者サービスセンター

●免責事項

※本書の内容は2023年2月現在の法令等に基づいて記載しています。
※本書は、法令（告示・省令・通知）等の一般的な解釈に基づきます。
※法令・条例や通知は随時改正されますので、常に最新の情報を確認してください。
※本書に記載されたURL等は予告なく変更される場合があります。
※本書の出版にあたっては正確な記述に努めましたが、著者および出版社のいずれも、本書の内容に対してなんらかの保証をするものではなく、内容やサンプルに基づくいかなる運用結果に関してもいっさいの責任を負いません。
※本書に記載されている会社名、製品名は、一般に各企業の商標または登録商標です。
※本書ではTM、®、©は割愛させていただいております。

第1章

LIFEとは

LIFEが始まったことで、今後は質の高いケアを提供する施設・事業所が正当に評価されていくようになると思われます。LIFEという全国共通の指標が確立することのメリットも大きいのです。LIFEの活用が進めば、利用者やその家族も、一定の基準に準拠した優良なサービスを提供する施設・事業所を選ぶことができるようになります。標準値に届かないサービスを提供する施設・事業所は、自然淘汰されていくでしょう。

1 VISITとCHASEがLIFEに一本化

令和3年度からLIFEが導入されました。

LIFE導入まで①VISIT

国は、平成29年「未来投資戦略2017」において「自立支援・重度化防止の効果が科学的に裏づけられた介護を実現するために、令和2年度までに必要なデータを収集・分析するためのデータベースの構築・本格運用を行う」と発表しました。

そして、平成30年度介護報酬改定で、初めてデータベース関連の加算「リハビリテーションマネジメント加算Ⅳ」(通所・訪問リハビリテーションが対象)が創設されたのです。報酬単位は3か月に1回、区分Ⅲの報酬に100単位を上乗せするかたちでした。この加算の算定要件は、3か月ごとにデータベース「VISIT」に、リハビリテーション計画書等のデータを提出することでした。

導入直後はVISITへの関心も高く、加算Ⅳを算定する事業所も多かったのですが、尻つぼみ式に算定する事業所の数は減っていき、平成30年4月から1年間の加算Ⅳの平均算定率は2・06%と散々なものでした。

算定率が低くなった原因は、**VISITにデータを提供するためにデータを入力し直さないとならない手間**にありました。

加算対象の介護サービス利用者(以降、利用者)が100人いたとすれば、3か月ごとに100人分のリハビリテーション計画書等の複数の書類を、新たに入力しなければなりません。

人材不足が深刻化するなかで、これらを行う余裕がある事業所はほんの一握りでした。

LIFE導入まで②CHASE

そして、令和2年5月から新たなデータベース「CHASE」がスタートしました。CHASEの導入では、VISITでの課題を解決する動きが見られました。

例えば①データ提供のための作業を、介護記録ソフトを用いてICT化し、事業所の負担を軽減、②令和2年度の地域医療介護総合確保基金における「ICT導入支援事業」（15ページ）において、介護記録ソフト（14ページ）や介護記録入力用のタブレットの購入費用、Wi-Fi設備費用等を、助成金の対象としたことです。ただし、**CHASEに関連した加算の算定はなく**、令和3年度介護報酬改定まで待たなければならなかったのです。

そして、令和3年度からVISITとCHASEは、新たに科学的介護情報システム「LIFE」として一本化されました。

「LIFE」ができるまで

2017年度　VISIT

○ **VISITの運用を開始**

通所・訪問リハビリテーション事業所から、**リハビリテーション**の情報収集を開始
2020年３月末時点で631事業所が参加

2018年度

○ **介護報酬においてVISITを評価**

対象サービス：通所・訪問リハビリテーション事業所
リハビリテーションに係るデータの収集・分析を開始

2020年度　CHASE

○ **CHASEの運用を開始**

全ての介護サービスを対象として、**高齢者の状態やケアの内容**等の情報を収集開始
2020年10月末時点で2,999事業所にIDを発行
モデル事業で、提出データとフィードバックを試行的に実施し、アンケート・ヒアリングを通じて、内容のブラッシュアップを実施。

2021年度　LIFE

○ **VISITとCHASEを統合し、LIFEの運用を開始**

令和３年度介護報酬改定において、新たな評価を創設
事業所単位に加えて、個人単位の分析結果をフィードバック予定
データの入力の負担を低減
2021年３月末時点で約６万事業所にIDを発行

出典：「科学的介護情報システム（LIFE）による科学的介護の推進について」（厚生労働省）（https://www.mhlw.go.jp/content/12301000/000949376.pdf）（2023年２月１日時点）

2 ついにLIFEの運用が開始

LIFEの活用は施設等だけでなく利用者やその家族にもメリットがあります。

トラブル続出の多難な船出

令和3年4月から運用が開始されたLIFEですが、実は想定以上にアクセスが集中し、初日からシステム障害で運用がストップしました。また、4月からLIFEを利用するためには3月中にCHASEから事前登録をする必要があったのですが、3月後半からアクセス不可、事前登録ができない状況に陥っていたのです。

これは、福祉医療機構が行った調査結果（左ページ）からわかるように、**事前登録の時点で多くの介護事業所等がLIFEに取り組もうとした**ことを意味します。その後もトラブルが続き、施設の担当者からは「LIFE鬱」という言葉を聞くようになりましたが、それでもLIFEの将来性を評価し、諦めることなく導入を進めた施設等がほとんどでした。

LIFEをうまく活用して他事業所と差別化を図ろう

VISIT・CHASE時代に指摘されていた「データを手入力する手間」問題は、介護記録ソフトを導入することで改善されました。

今後は、**LIFEから提供されるフィードバック票をどのように活用するかが重要**な課題となってきます。うまく活用することでケアの質が向上し、利用者満足度が向上するのであれば、他の施設・事業所と大きく差別化ができるでしょう。

また、利用者満足度が向上することで職員のモチベーションも上がり、定着率のアップ・人材確保につながると考えます。

LIFEが施設や利用者にもたらすもの

また、LIFEによってエビデンス（12ページ）が確立することのメリットも大きいといえます。

今までは全国標準のエビデンスがなかったため、介護サービスの評価が主観的でした。そのため運営指導等では、その施設・事業所の言い分を受け入れるしかなかったのです。しかし、LIFEという全国標準値（評価の物差し）ができることで、**評価の標準化**が期待できるでしょう。

これによって利用者やその家族は、より優良な介護サービスを提供する施設・事業所を選ぶことが可能となります。例えば、LIFEから提供されるフィードバック票のデータに基づいてケアを提供している施設・事業所は、他の施設・事業所よりも利用者から信頼されるでしょう。これは、**標準値に届かない介護サービスを提供している施設・事業所は淘汰**されていくともいえます。

LIFEの利用状況

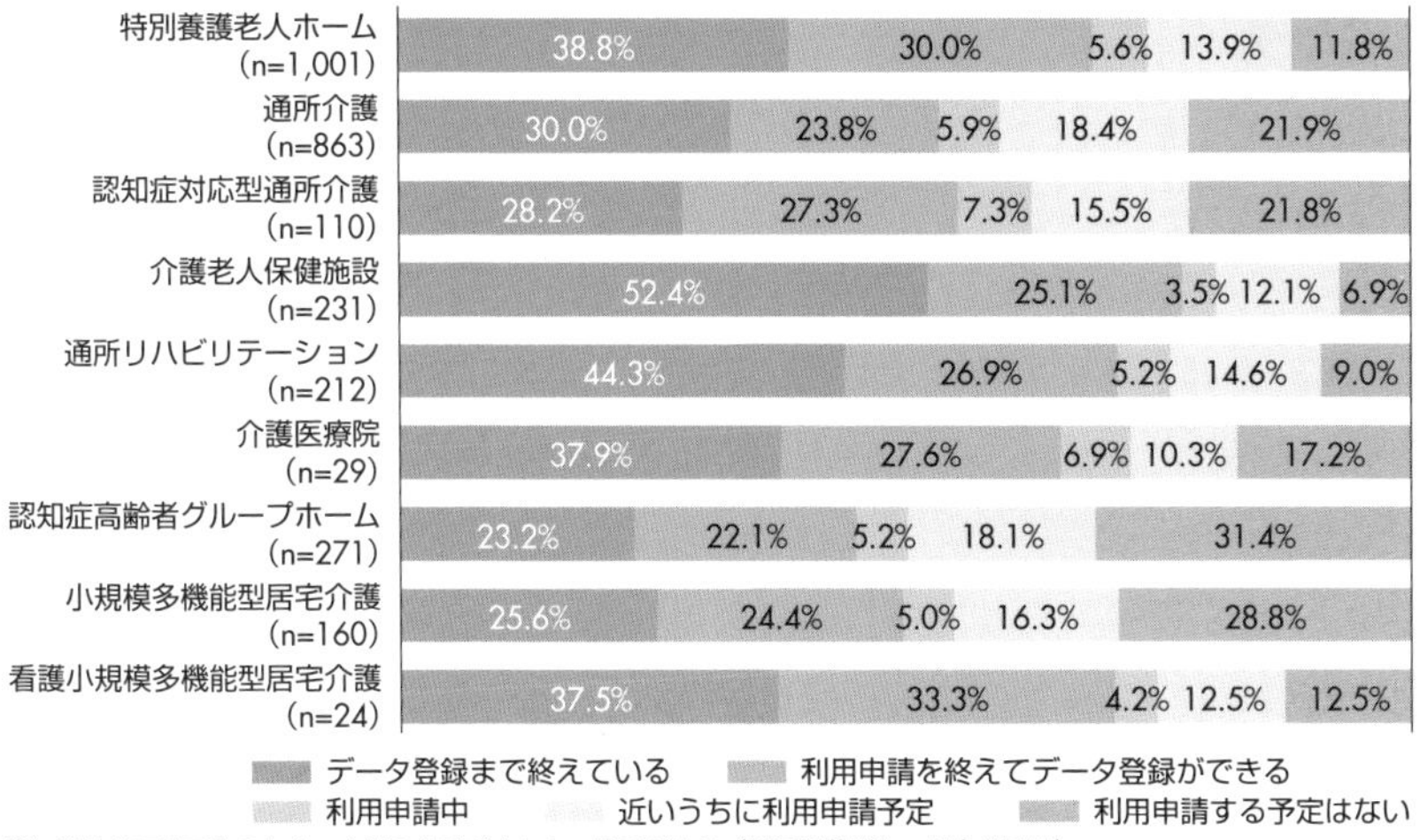

注）数値は四捨五入のため、内訳の合計が合わない場面がある（以下記載がない場合は同じ）

出典：独立行政法人福祉医療機構経営サポートセンターリサーチグループ「令和３年度介護報酬改定に関するアンケート結果」（令和３年11月17日）

3 LIFE関連の加算では何が評価される？

データを提出することでもらえるフィードバック票の活用等、プロセスが評価されます。

エビデンスとは

エビデンスとは「証拠（主に治療法の効果等についての根拠として用いられることが多い）」のことをいいます。例えば「この薬は、食前と食後、どちらのタイミングで飲むほうが有効か」等の疑問や課題について、継続的に研究を行うことで、論文や研究成果といったかたちでエビデンスが蓄積されていきます。エビデンスの蓄積では、**基礎データ量が大きくなるほど、信ぴょう性・信頼性が向上**します。「たった1回だけ効果・成果がみられたが、その後はどのようにやってみても同じような効果・成果がみられなかった」という状況は「科学的に証明された」とはいえず、単なる偶然といえます。科学とは、誰がやっても同じような効果や成果にならなければいけません。

介護サービスを提供するうえで、エビデンスを活用するとはどういうことか、想像してみましょう。例えば、リハビリテーション職が、サービス（リハビリテーション）を提供するうえでいくつか疑問（効果がみられない等）があったとします。そこで、データベース等を用いて利用者に対するサービス内容が妥当かどうかを評価します。その後、利用者の意向等も考慮し、サービスの提供の可否や、専門技能を活用してサービス内容を変更しました。その結果、職員が抱えていた疑問の解決につながったとすると、エビデンスが活用されたといえるでしょう。

科学的介護に基づいた作業プロセス

科学的介護とは「**エビデンスに基づいて介護サービスを位置づけ、適切に介護サービスを提供すること**」をいいます。そのためには、科学的に妥当性のあるデータ（利用者の状態や介護計画の内容等）を現場からインターネットを通じて収集して、データベースに蓄積・分析する必要があります。この部分を担っているのがＬＩＦＥです。

ＬＩＦＥで分析されたデータの結果は、その後現場にフィードバック票として提供されます。現場では、このフィードバック票を多職種間で共有・検討し、必要であれば介護計画に反映させます。このプロセスをまわし続けることで、科学的介護は推進されます。

ＬＩＦＥへのデータ提供は継続して行おう

ＬＩＦＥによって収集・蓄積されたデータは、フィードバック票のほか、介護保険制度にて施策の効果や課題等の把握・見直しのための分析にも活用されます。ＬＩＦＥにデータが蓄積されて分析が進むことによって、エビデンスに基づいた質の高い介護の実施にもつながるのです。そのためには、施設・事業所側からの途絶えることのないデータ提供が求められます。

現場でのプロセスが評価される仕組み

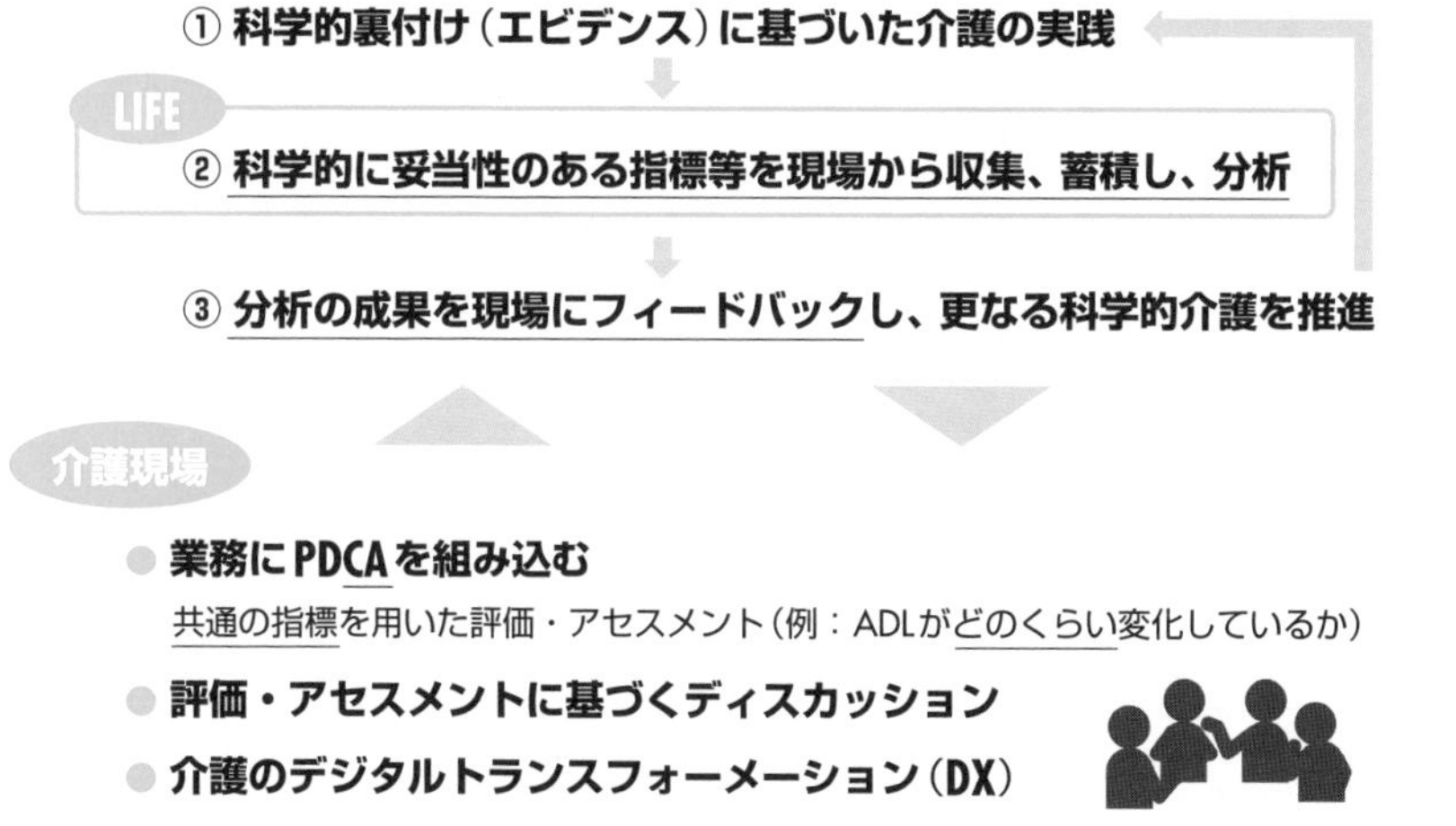
① 科学的裏付け（エビデンス）に基づいた介護の実践
LIFE
② 科学的に妥当性のある指標等を現場から収集、蓄積し、分析
③ 分析の成果を現場にフィードバックし、更なる科学的介護を推進
介護現場
業務にPDCAを組み込む
共通の指標を用いた評価・アセスメント（例：ADLがどのくらい変化しているか）
評価・アセスメントに基づくディスカッション
介護のデジタルトランスフォーメーション（DX）

出典：「科学的介護情報システム（LIFE）による科学的介護の推進について」（厚生労働省）（https://www.mhlw.go.jp/content/12301000/000949376.pdf）（2023年2月1日時点）

4 LIFE導入前に考えること

どういった目的で、どのぐらい投資が必要になるか等を検討しておきましょう。

介護記録ソフト等への設備投資が必要

介護記録ソフトとは、利用者の情報や提供した介護サービスの記録、介護計画の作成等、利用者個人に関する情報を時系列で入力し、介護報酬の請求までを担うソフトのことをいいます。介護記録ソフトを導入することで、LIFEに**入力する作業の負担はかなり低減**されます。

しかし、データ提出のすべてが介護記録ソフトによって自動的に行われるわけではありません。一部手入力が必要な項目があり、その項目数はソフトによって異なります。また、介護記録ソフトの導入は、相応の費用負担を施設等に強いることとなります。介護記録ソフトの購入費用やWi-Fi環境の整備、タブレット等の必要機材の確保も求められます。

この点については、地域医療介護総合確保基金を利用した**「ICT導入支援事業」**を活用するのがおすすめです。この制度では、補助金の上限が260万円（事業所の職員が31人以上の場合）、購入費用の4分の3（要件あり）が支給されます。ただし、自治体によって受付期間が異なり、また、年間の予算以上の申し込みがあった場合は抽選となるため、必ず受給できるわけではありません。

このほかにも「IT導入補助金」等がありますので、LIFE導入を検討する際には、**事前に役所に補助金の有無を確認**しておきましょう。

LIFEに何を求めるか明確にしておく

単にLIFE関連の介護報酬単位とそれにかかる費用・負担を比較して、LIFE導入の有無を判断すべきではありません。たとえ設備投資や業務上の負担が大きくても、LIFEを導入してフィードバック票を

LIFE導入時に活用できる制度(ICT導入支援事業)

■ 補助対象

- **介護ソフト**
  - ・記録、情報共有、請求業務で転記が不要であるもの、ケアプラン連携標準仕様を実装しているもの
    ※標準仕様の対象サービス種別の場合。各仕様への対応に伴うアップデートも含む
- **情報端末(タブレット端末、スマートフォン端末、インカム　等)**
- **通信環境機器等(Wi-Fiルーター　等)**
- **その他(運用経費)**
  クラウド利用料、サポート費、研修費、他事業所からの照会対応経費、
  バックオフィスソフト(勤怠管理、シフト管理等)等

■ 補助要件

下記のうち1つでも満たしていれば、補助要件はクリアとなります。

- **LIFEによる情報収集・フィードバックに協力**
- **他事業所からの照会に対応**
- **導入計画の作成、導入効果報告(2年間)**
- **IPAが実施する「SECURITY ACTION」の「★一つ星」または「★★二つ星」のいずれかを宣言等**

本書17ページ参照

■ 補助上限額等

- **事業所規模(職員数)に応じて設定**
  - ・1〜10人:100万円　・11〜20人:160万円
  - ・21〜30人:200万円　・31人〜　:260万円
- **補助割合**
  - ・一定の要件を満たす場合は、3/4を下限に都道府県の裁量により設定
    〈補助割合が3/4となる要件:以下のいずれかを満たすこと〉
    - ・事業所間でケアプランのデータ連携で負担軽減を実現
    - ・LIFEの「CSV連携仕様」を実装した介護ソフトで実際にデータ登録を実施等
    - ・ICT導入計画で文書量を半減(R4年度拡充)
    - ・ケアプランデータ連携システムの利用(R4年度拡充)
  - ・それ以外の場合は、1/2を下限に都道府県の裁量により設定

※「介護分野におけるICTの活用について」(厚生労働省)(https://www.mhlw.go.jp/content/12300000/000958347.pdf)(2023年2月1日時点)に著者吹き出し加筆

受け取り、それらを最大限に活用してケアの質の改善を絶え間なく続けていくことで、施設・事業所が得られるものは大きいです。また、その結果、状態が改善して喜ぶ利用者やその家族を見ることで、職員満足度・職員の定着率・稼働率も向上し、業績のアップも期待できるでしょう。

　実際にLIFEに取り組んで、多くの加算を算定している施設からは「**加算収入で介護記録ソフトの費用の回収は容易**ですし、その後は重要な収入源として定着しています」との意見を聞きます。経営者も介護職員も、LIFEに取り組むことの意味を理解して、目的を明確にし、導入を検討することが大切です。

将来、加算が成功報酬型となるかも

　今後の介護報酬改定では、**LIFEによって構築された評価指標に基づいた何らかの成功報酬**が実現すると考えます。医療のDPCデータベースとの連携も行われる予定で、LIFEを媒体とした医療介護連携も加速するでしょう。

　通所リハビリテーションは、令和3年度介護報酬改定で先送りにされた「3段階の基本報酬体系」（32ページ）に、今後移行する可能性が高いといえます。そのときは、評価指標としてLIFEをベースとしたエビデンスが導入されることになるでしょう。将来的に、多くの介護サービスの加算が成功報酬型となる可能性も捨てきれません。

　令和3年度は見送られた訪問サービスや居宅介護支援でのLIFEの活用も、今後の介護報酬改定で導入される見込みです。

　また、現在はモデル事業として、訪問サービスや居宅介護支援に科学的介護推進体制加算にも、近いかたちの加算が創設されています。すなわち、LIFEへの取り組みは将来の介護保険制度改正・介護報酬改定の事前準備ともいえるのです。

　いずれにしても、LIFEはまだ始まったばかりで、赤ちゃんの状態といえます。しかし、時間の経過とともに大きく成長していくでしょう。LIFEによって、介護保険制度の新たな時代が幕を開ける、といっても過言ではありません。

補助要件の１つ「SECURITY ACTION」とは？

取組み目標を決める	取組み目標に応じて「★一つ星」と「★★二つ星」のロゴマークがあります。 **「★一つ星」ロゴマークを使用するには・・・** 中小企業の情報セキュリティ対策ガイドライン付録の「情報セキュリティ５か条」に取組んでください。 すでに同等の取組みができている中小企業等は二つ星から始めてください。 **「★★二つ星」ロゴマークを使用するには・・・** 中小企業の情報セキュリティ対策ガイドライン付録の「5分でできる！情報セキュリティ自社診断」で自社の状況を把握したうえで、情報セキュリティポリシー（基本方針）を定め、外部に公開してください。
自己宣言する	・SECURITY ACTIONロゴマークをポスター、パンフレット、名刺、封筒、会社案内、ウェブサイト等に表示して、自らの取組みをアピールすることができます。 ・情報セキュリティへの取組みを宣言している中小企業等としてSECURITY ACTIONのウェブサイトに掲載されます。
ステップアップする	「★一つ星」から始めた中小企業等は、情報セキュリティをさらに向上させるために「★★二つ星」にステップアップしましょう。 「★★二つ星」から始めた中小企業等は、情報セキュリティをさらに有効にするために情報セキュリティポリシーの策定および、ポリシーの継続的な見直しによる新たな脅威等への対応を実施しましょう。

出典：独立行政法人情報処理推進機構ホームページ「SECURITY ACTIONとは？」（https://www.ipa.go.jp/security/security-action/sa/index.html）（2023年２月15日時点）

これまでとこれからのLIFEの動き

2021年4月　LIFEの運用を開始　　データの収集

暫定的なフィードバックとして、全国の集計値の提供を開始　　フィードバックの開始

順次、データが蓄積

科学的介護推進体制加算の事業所ごとの集計票の内容を検討し、
フィードバックに向け開発作業中

科学的介護推進体制加算の利用者ごとの集計票、
他の加算の事業所ごと、利用者ごとの集計票の内容を検討し、
フィードバックに向け順次システム開発（予定）　　フィードバックの本格化

令和５年２月時点

蓄積されたデータを分析し、
- 利用者の方の状態ごとにどういった特徴があるのか
- 利用者の方の状態ごとにどのようなことに注意が必要なのか
- どういった状態の方に、どういった介入が効果的なのか　等を研究

エビデンスの創出

フィードバック票への反映　　フィードバックの拡充

※「科学的介護情報システム（LIFE）による科学的介護の推進について」（厚生労働省）（https://www.mhlw.go.jp/content/12301000/000949376.pdf）（2023年２月１日時点）に著者吹き出し加筆

5 介護記録ソフトは必要？

介護記録をデジタルデータで管理・共有・活用し、円滑なコミュニケーションを可能にしましょう。

介護記録を残す目的

介護記録は単に法令で定められているから必要なわけではなく、次のような目的があります。

①実施した介護を証明し、何かあった際の法的な証拠として使用する
②ケアプランに反映させ、結果的に利用者によりよい介護サービスを提供する
③職員間で情報共有し、組織で介護サービスを継続的に提供する
④利用者・家族・職員の関係を深める
⑤記録内容を検証し、職員の介護の専門性を高める
⑥職員の研修に役立てる

介護記録に関する課題

介護現場では、介護記録をもとに日誌や報告書、ＬＩＦＥに提出するデータの作成を行うため、転記作業が多く発生します。こういった作業のなかには二度手間、三度手間となっている部分があります。また、利用者へ介護サービスを提供する合間に介護記録の作成を行うことが多く、定時時間内では処理できずに残業が発生するという状況も見られます。

介護記録を定時時間外に処理することは、記録漏れ・間違い・情報共有の遅れの原因となり、業務効率やケアの質の悪化につながるでしょう。

介護記録ソフトを活用して課題を解消しよう

介護記録ソフトには、**記録業務に必要なほとんどの項目が用意されており、**日付・時間・ケア内容・記録

者名・日誌等の様式への転記・分析・統計・検索等を得意としています。また、多くの介護記録ソフトはネットワークでつながっており、**入力された記録は多職種や施設・事業所内で即共有**されます。

　介護記録ソフトを利用することで、介護記録の目的（①〜⑥）の達成に近づくだけではなく、介護記録時の課題の改善にもつながります。

介護記録ソフトの画面（例）

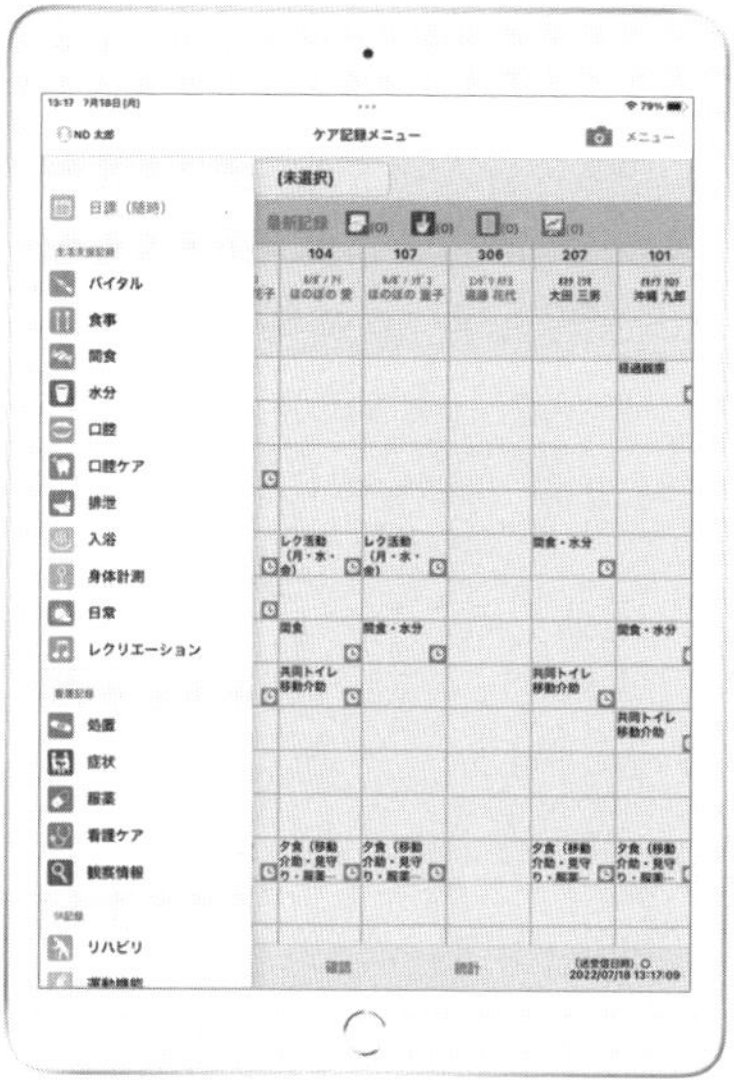

「ほのぼのNEXT」の「CarePalette」

介護記録ソフト導入による業務の変化

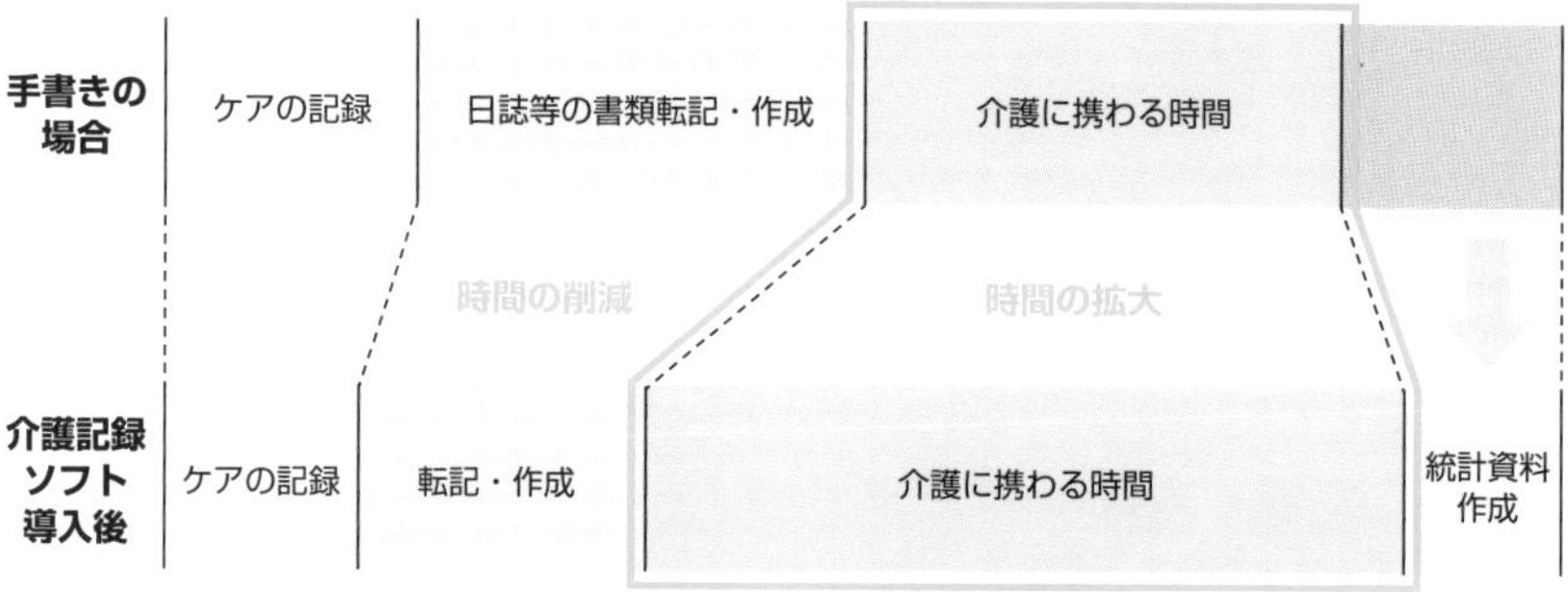

記録にかかる時間の削減

- ケアの記録
- 日誌等の書類作成
- メモの転記
- 申し送りの記入

介護に携わる時間の拡大

- 利用者へのケア
- 職員同士の情報共有
- 利用者情報の確認

介護記録ソフトの導入を検討する

介護記録ソフトは、パソコンやタブレットで運用します。最近では、キーボード入力が苦手な方向けの音声入力やバイタル機器との連携、見守りセンサーとの連携等ができるものも出てきました。タブレットは、居室等へ持っていくことができるので、**どこでもその場で記録することが可能**となり、記録漏れを未然に防ぐことができます。

また、**写真・動画を記録として残せる**ため、より詳細に記録・共有することが可能です。最近ではＩＣＴ導入に関する補助金もあり、タブレットやWi-Fi（無線ＬＡＮ）を導入しやすい環境が整いつつあります。

基本情報・各種介護計画・介護記録をソフトですべて管理（一気通貫）することで、**二度手間のないデータ作成が可能となり、より効率的に業務を進められる**でしょう。

どんな介護記録ソフトを選ぶ？

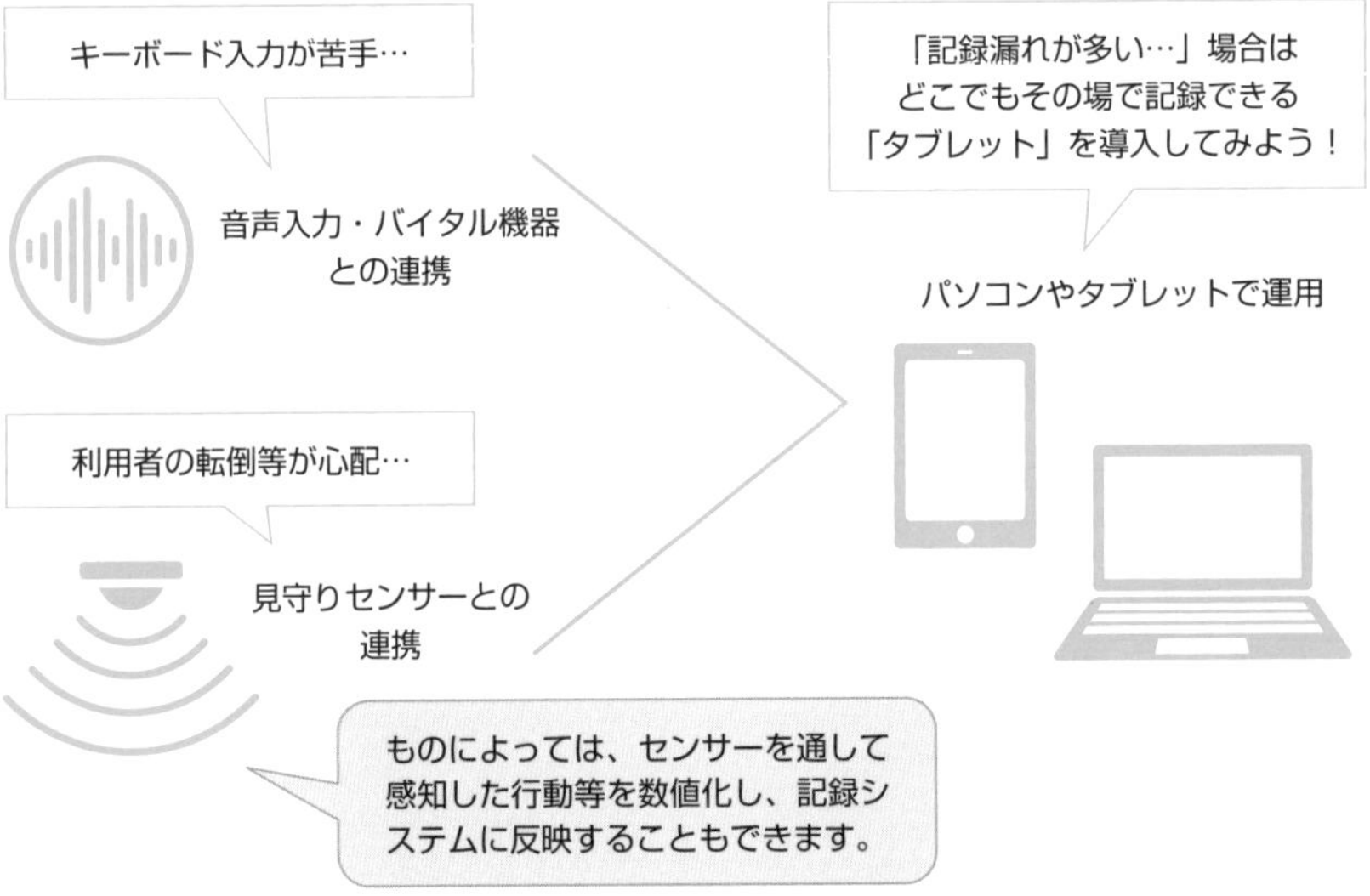
キーボード入力が苦手…
音声入力・バイタル機器との連携
利用者の転倒等が心配…
見守りセンサーとの連携
「記録漏れが多い…」場合はどこでもその場で記録できる「タブレット」を導入してみよう！
パソコンやタブレットで運用
ものによっては、センサーを通して感知した行動等を数値化し、記録システムに反映することもできます。

科学的介護推進体制加算の入力画面

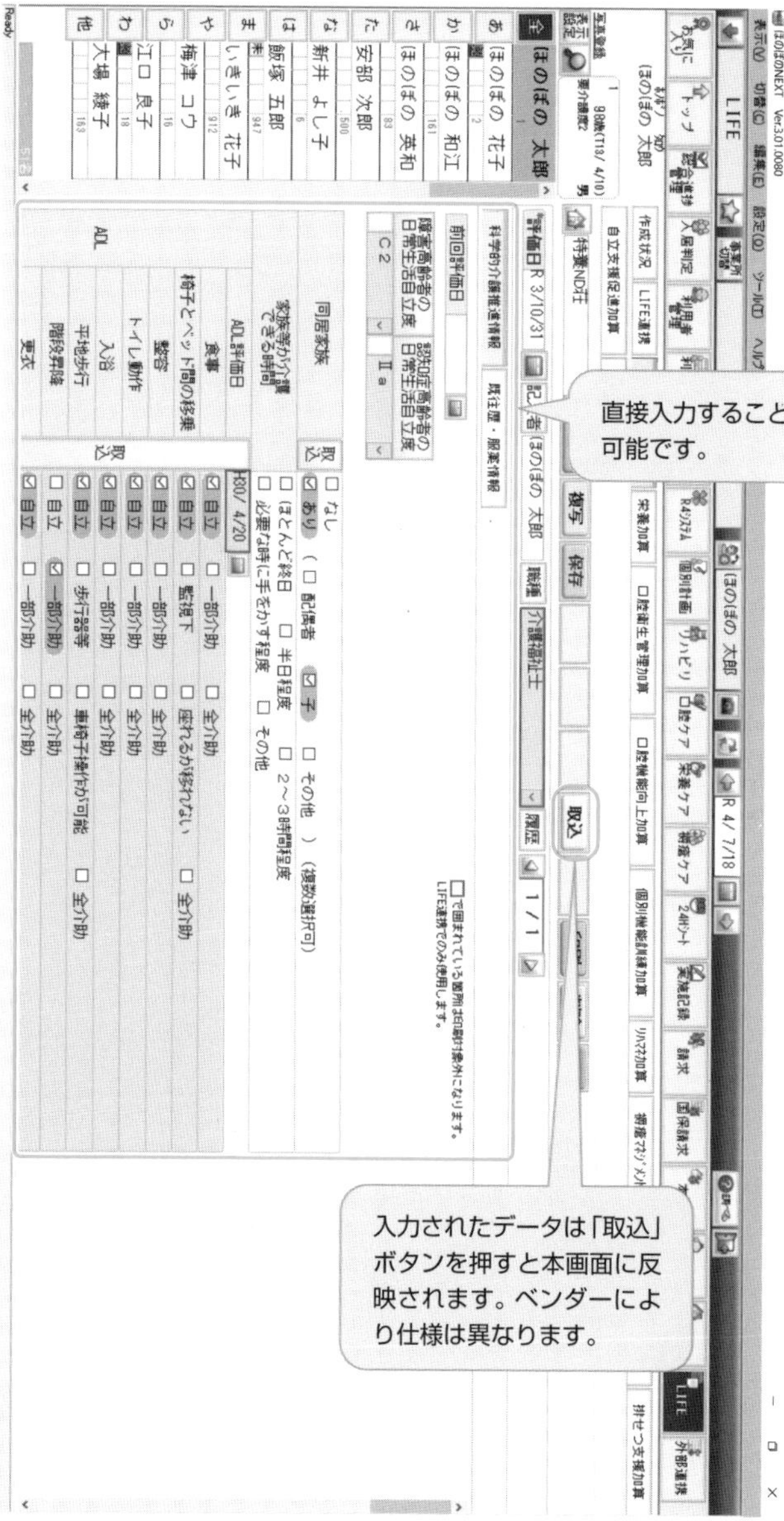
直接入力することも可能です。
入力されたデータは「取込」ボタンを押すと本画面に反映されます。ベンダーにより仕様は異なります。

「ほのぼのNEXT」の場合

6 LIFEの導入手順

本書では手順を簡単に解説しています。もっと詳細に知りたい方は、厚生労働省が提供している資料等をご覧ください。

新規利用登録をしよう

LIFEを利用するためには、新規利用登録が必要です。LIFEのホームページから、事業所番号等を入力し、登録手続きを行いましょう。新規利用申請は**毎月25日が締切り**となります（利用は翌月から）。申請が完了すると、FAXで利用案内が届きます。利用案内に沿ってIDとパスワードを設定し、利用者情報と様式情報を登録します。**新規利用申請は事業所番号ごと**に行いましょう。同じ事業所番号で複数の介護サービスを提供している場合は、1回の申請で大丈夫です。LIFEのアカウントは事業所番号単位ですが、計画書等の情報（様式情報）は利用者の利用しているサービスごとに登録することが可能です。

利用者情報・様式情報等を入力し、新規利用申請が承認されると、厚生労働省から「起動アイコン」のダウンロード用URL、およびダウンロードに必要なパスワード、管理ユーザーIDと初期パスワードが記載されたハガキが届きますので、確認しましょう。

利用開始の準備

LIFEの利用には、インターネット接続が可能なパソコン（Windows等）が必要です。LIFEには「管理ユーザー」と「操作職員」の2種類のユーザーが存在します。**管理ユーザー**は、操作職員や利用者の情報を登録するユーザーで、**各事業所に1つ**提供されます。厚生労働省のハガキに記載されているIDが管理ユーザーのIDです。

操作職員は、利用者の計画書等の様式情報を登録するユーザーです。操作職員のIDは、**1つの事業所で複数作成することが可能**で、管理ユーザーが作成できます。

初回ログイン時の操作方法

まず、管理ユーザーは「起動アイコン」をダウンロードしてLIFEにログインし、トップ画面から「操作職員情報登録更新」を選択します。「新規登録」をクリックして、操作職員として登録する職員情報を入力します。このとき、入力するメールアドレスや電話番号に支障がある場合は、メールアドレスは「a@a」、電話番号は「0000000000」と入力して進めてみましょう。必要な情報の登録が完了すると、登録した操作職員情報の詳細とユーザーID、初期パスワードが表示されますので、操作職員に伝えます。

LIFEは、**端末登録を行ったパソコンでのみ利用**できます。また、端末登録は追加登録が可能です。登録作業等は、登録画面の指示に従って進めましょう。

初期パスワードの変更が完了すると、LIFEのトップ画面が開きます。これで初回ログイン時の作業は完了です。以降は、起動アイコンからログインIDとパスワードを入力することでトップ画面が開きます。

各職員の主な操作内容

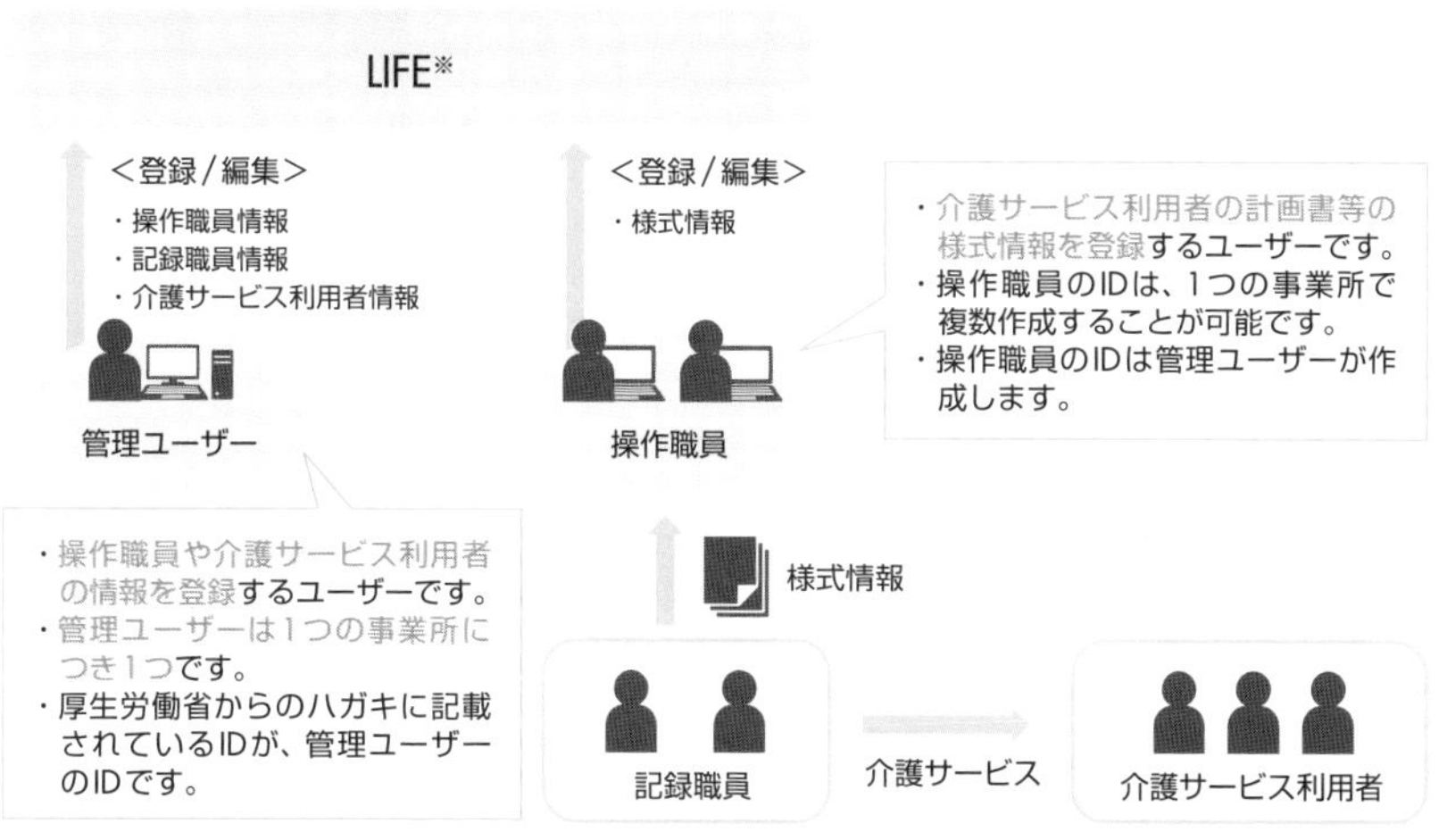
LIFE※
<登録／編集>
・操作職員情報
・記録職員情報
・介護サービス利用者情報
<登録／編集>
・様式情報
・介護サービス利用者の計画書等の様式情報を登録するユーザーです。
・操作職員のIDは、1つの事業所で複数作成することが可能です。
・操作職員のIDは管理ユーザーが作成します。
管理ユーザー
操作職員
・操作職員や介護サービス利用者の情報を登録するユーザーです。
・管理ユーザーは1つの事業所につき1つです。
・厚生労働省からのハガキに記載されているIDが、管理ユーザーのIDです。
様式情報
記録職員
介護サービス
介護サービス利用者

出典：「『科学的介護情報システム（LIFE）』の活用等について」（厚生労働省）（https://www.mhlw.go.jp/content/12301000/000949500.pdf）（令和3年2月19日）
※元の資料では「CHASE」でしたが、本文内に「CHASE（LIFE）」とあったため、本書では「LIFE」としました。

利用者情報と様式情報の登録

ＬＩＦＥに登録する利用者の情報には、利用者情報（氏名等の基本的な情報）と様式情報（計画書等の各種様式の情報）の2つがあります。セキュリティーの観点から、**利用者情報は管理ユーザーが、様式情報は操作職員が登録**しましょう。

データの登録方法は①ＣＳＶファイルからの取り込み（介護記録ソフトを利用している場合）と②入力フォームからの登録（手作業／すべての入力者が利用可能）の2つがあります。

①ＣＳＶファイルからの取り込み

トップ画面の「外部データ取込」から行います。①の方法では、**複数のファイルを同時に取り込むことが可能**です。ＣＳＶファイルからの取り込みでエラーがあった場合（取り込み後のＣＳＶファイル一覧画面で、ファイル行に赤字表示があった場合等）は、登録は未完了となります。エラー内容については、画面左下のエラー出力をクリックして確認しましょう。エラー内容に不明な点がある場合には「エラー詳細.csv」のファイルを添付して、ヘルプデスクに問い合わせを行います。エラー修正後の再取り込みは可能です。その場合、修正していない箇所は上書きされます。

また、様式情報については対応する利用者情報がないと取り込むことができません。必ず、**管理ユーザーが利用者情報の登録を終えてから**、様式情報の登録を実行しましょう。

②入力フォームからの登録

②の方法では、利用者一人ひとりの情報を手入力で登録します。管理ユーザー、操作職員のいずれも入力できますが、**通常は操作職員が作業を行います**。登録画面から登録する様式のタブをクリックして「新規登録」を押します。その後の画面で、各様式に含まれる各項目の情報を入力します。なお、手入力の場合は適宜「一時保存」を実行するようにしましょう。一時保存をせず、操作を行わない状態で20分程度経過すると再ログインが必要となり、入力したデータが消滅してしまいます。

様式情報の登録画面から「様式一覧管理」（もしくは「様式情報管理」）をクリックすることで、各利用者の様式の作成状況が一覧で確認できます。

個人情報の入出力

　LIFEでは、利用者の氏名等の個人情報は厚生労働省へ送信されません。事業所等のパソコンのブラウザ内に保存される仕組みとなっているため、**利用者へのLIFEに関する同意等の手続きは不要**です。

　また、管理ユーザーが使用するパソコン以外で利用者の個人情報を表示したい場合は、ブラウザ内に保存されている個人情報を共有する必要があります。複数のパソコンを使用しない場合も、利用者の個人情報が消滅した場合に復元できるよう、**定期的にバックアップ**をとっておきましょう。

　パソコン間での共有やバックアップのために**個人情報を出力する操作は、管理ユーザーのみが可能**となります。出力したバックアップファイルを、LIFEで利用しているほかのパソコンに取り込む操作は「インポート」で行えます。この作業は、操作職員も行うことが可能です。

管理ユーザーと操作職員それぞれの操作範囲

		管理ユーザー	操作職員
操作職員管理		○	―
記録職員管理		○	―
介護サービス利用者管理		○	―
様式管理	利用様式設定	○	―
	検索／閲覧／出力	○	○
	登録／編集	―	○
個人情報入出力	バックアップ	○	―
	インポート	○	○
事業所情報管理	閲覧	○	○
	編集	○	―
フィードバックダウンロード		○	○

○：操作可能　　―：操作不可
※管理ユーザーと操作職員では操作できる機能の範囲が異なります

出典：「科学的介護情報システム（LIFE）操作説明書」（厚生労働省）（https://www.mhlw.go.jp/content/12301000/000949386.pdf）（2023年2月1日時点）

7 LIFEの基本的な操作方法

本書では操作方法を簡単に解説しています。もっと詳細に知りたい方は、厚生労働省が提供している資料をご覧ください。

基本操作

「起動用アイコン」をダブルクリックし、ログイン画面を起動します。「ログイン」を押して、ログインIDとパスワードを入力します。するとトップ画面が開くので、作業したい項目を選んで進めます。このとき、**管理ユーザーと操作職員のトップ画面は異なります。**管理ユーザーのみ、利用者情報や操作職員、利用端末の登録・更新・停止等が可能です。

暗号化キーの設定

LIFEで管理する各様式情報では、テキストボックス等に個人情報が含まれています。この個人情報をLIFEシステムで暗号化して保護するために、**管理ユーザーは初回ログイン時に、事業所専用の暗号化キーを設定**しなければなりません。暗号化キーは、これらを設定したパソコンブラウザに保存されるため、事業所内で利用する**すべてのパソコンで暗号化キーを共有**、記録しておく必要があります。また、暗号化キーを操作職員へ共有するためにも、管理ユーザーはバックアップをとっておく必要があります。そのバックアップファイルは操作職員の端末でインポートします。暗号化キーを紛失しないように適宜バックアップを行うようにしましょう。

暗号化キーが消えた場合

暗号化キーが消えた場合に限り「暗号化キー再設定」が管理者ユーザー画面に表示されます。最新のバックアップファイルをインポートすることで、暗号化キーを再設定することができます。最新のバックアップファイルがない場合は、別途暗号化キーの再設定が必要になります。トップ画面右上の「ユーザーID」をクリ

バックアップファイルの作成（一部抜粋）

バックアップファイルの出力について説明します。

1. トップ画面から「個人情報入出力」を選択します。

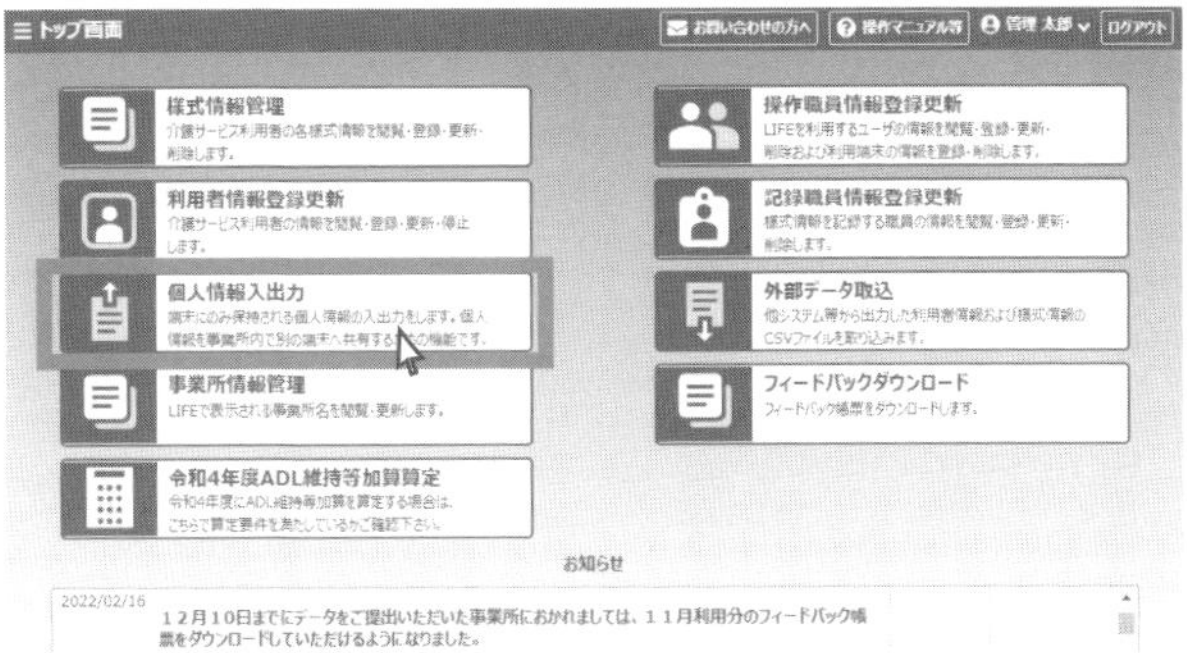

2. 「バックアップ」ボタンを押します。

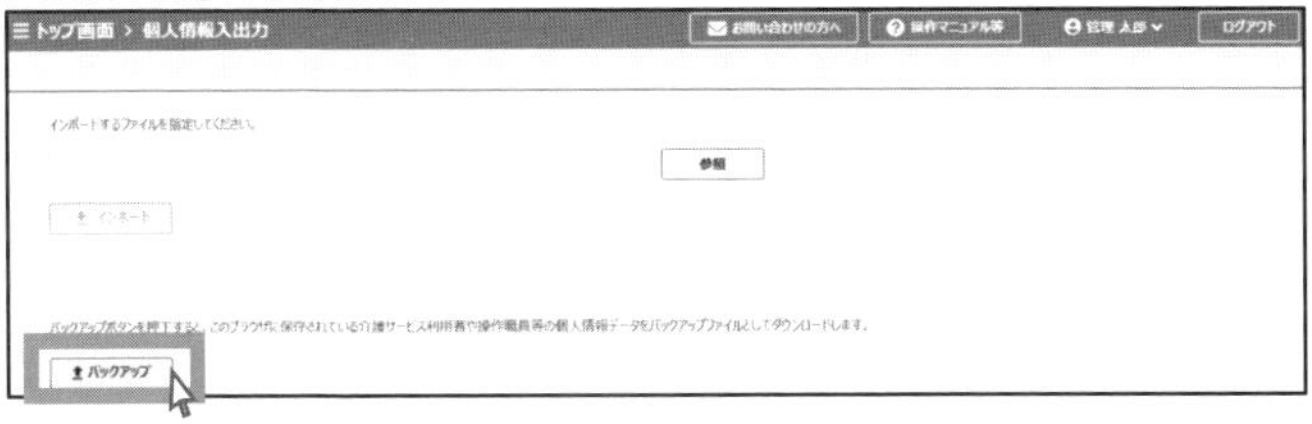

3. 右上にダウンロード完了の表示 が出て、自動的に「ダウンロード」フォルダにバックアップファイルが保存されます。USBなどの外部記憶媒体やファイルサーバーを用いて、バックアップファイルを操作職員と共有してください。

> ! **2022/1/14からバックアップファイル名が変更されました。**
> LIFE_backup_20211213160043_9999999998.lfbkのようなファイル名となります。
> また、これまでのバックアップファイルもインポートが可能です。

ブラウザーによって表示画面が異なります。詳細は「1.2.2 システム共通操作(d)」をご覧ください。

> ! **2022/3/31から「バックアップ」ボタンの押下時だけでなく、**利用者情報、操作職員、記録職員の新規登録、また更新時にも、バックアップファイルを作成することができます。
> **詳細は、「2.3.6 利用者情報バックアップ機能強化」をご確認ください。**

出典：「科学的介護情報システム（LIFE）操作説明書」（厚生労働省）（https://www.mhlw.go.jp/content/12301000/000949386.pdf）（2023年2月1日時点）

ックして出てくる「暗号化キー再設定」から手続きを進めてください。また、設定した暗号化キーを忘れてしまった場合も別の暗号化キーを設定します。その場合、既存の情報は消えるので、再登録しましょう。

利用する様式の設定 管理ユーザー

初期状態では、LIFE関連のすべての様式に関する情報を登録することができます。また、事業所で利用する様式のみを表示することも可能です。設定する場合には**管理ユーザーでログイン**しましょう。

トップ画面から「様式情報管理」を選択すると、様式管理の一覧が表示されます。「サービス分類」から、該当するサービスの種類を選択します（介護予防サービスは介護サービス）。するとケア記録の様式一覧が表示されます。「利用様式設定」を押し、自施設等で利用しない様式のチェックは外しておきましょう。チェックを外した様式は、様式一覧管理画面・様式情報画面で非表示となります。事前に情報が入力されている様式のチェックを外した場合も非表示となります。このとき、入力済みのデータ自体は削除されません。再びデータを表示するには再度チェックを入れます。また、チェックを外した様式に入力があっても、CSVファイルの取り込み時にエラーにはなりません。

様式情報の登録 操作職員

様式情報の登録は、操作職員の業務です。**操作職員でログイン**し、登録を行います。入力フォームから登録を行う場合、画面上には「一時保存」と「登録」の2種類のボタンが表示されます。

〈「一時保存」のボタン〉

データ入力中に、一時保存を行いたいときに使用するボタンです。「一時保存」を押さない状態で約20分が経過すると自動的にログアウトとなり、これまで入力したデータが消失します。そのため、こまめに一時保存を行うようにしましょう。

〈「登録」のボタン〉

入力が完了し、登録をしたいとき（作業を終了するとき）のボタンです。「登録」を押すと**厚生労働省へのデータ提出は完了**します。各利用者の登録状況については、様式情報で検索して確認することができます。

LIFEの共通操作（一部抜粋）

1.2.2 システム共通操作

(a) システム全体で操作できる機能の説明です。

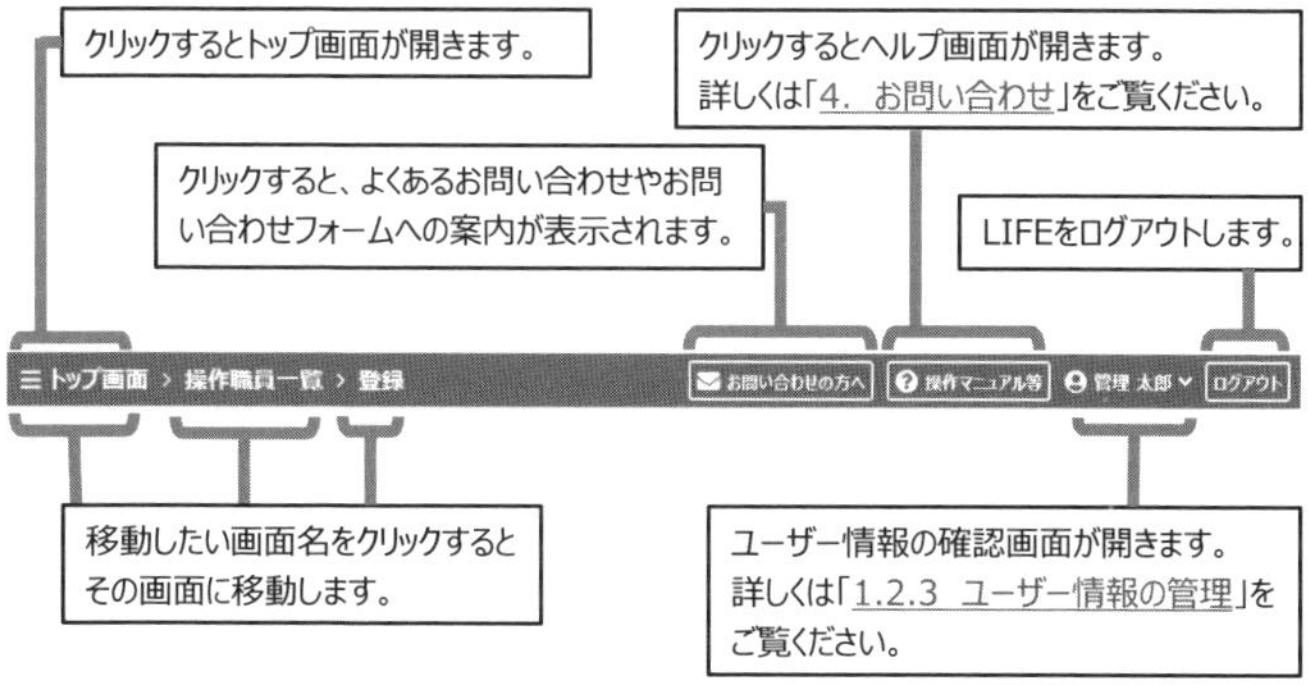

クリックするとトップ画面が開きます。
クリックするとヘルプ画面が開きます。
詳しくは「4. お問い合わせ」をご覧ください。
クリックすると、よくあるお問い合わせやお問い合わせフォームへの案内が表示されます。
LIFEをログアウトします。
☰ トップ画面 › 操作職員一覧 › 登録
お問い合わせの方へ
操作マニュアル等
管理 太郎
ログアウト
移動したい画面名をクリックするとその画面に移動します。
ユーザー情報の確認画面が開きます。
詳しくは「1.2.3 ユーザー情報の管理」をご覧ください。

(b) 登録/編集、閲覧の際に使用する各種ボタンの説明です。

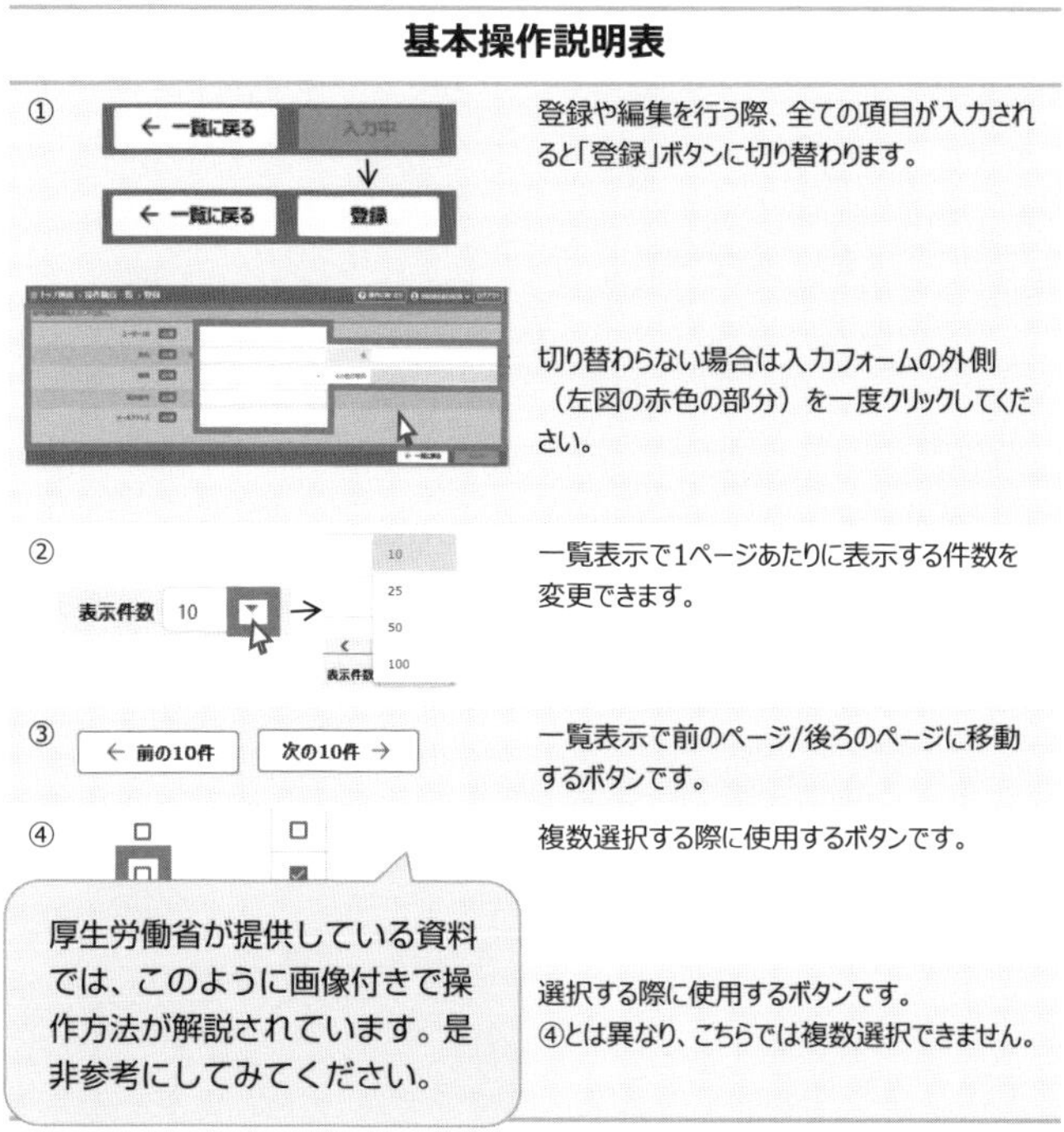

基本操作説明表

①	← 一覧に戻る / 入力中 → ← 一覧に戻る / 登録	登録や編集を行う際、全ての項目が入力されると「登録」ボタンに切り替わります。
		切り替わらない場合は入力フォームの外側（左図の赤色の部分）を一度クリックしてください。
②	表示件数 10 → 10 / 25 / 50 / 100	一覧表示で1ページあたりに表示する件数を変更できます。
③	← 前の10件　次の10件 →	一覧表示で前のページ/後ろのページに移動するボタンです。
④		複数選択する際に使用するボタンです。
		選択する際に使用するボタンです。 ④とは異なり、こちらでは複数選択できません。

厚生労働省が提供している資料では、このように画像付きで操作方法が解説されています。是非参考にしてみてください。

出典：「科学的介護情報システム（LIFE）操作説明書」（厚生労働省）（https://www.mhlw.go.jp/content/12301000/000949386.pdf）（2023年２月１日時点）

設定方法が異なる リハビリマネジメントの様式 両方可

リハビリマネジメントの様式（リハビリテーション計画書・リハビリテーション会議録・リハビリテーションマネジメントにおけるプロセス管理票・生活行為向上リハビリテーション実施計画書）への登録方法は、ここまで解説したものと異なります。

これらの様式を登録する際は**「ケア記録の様式一覧」の画面右上にある「リハビリマネジメントへ」**を押してください。すると、リハビリマネジメントの様式にケア記録のデータが移動します。登録の作業は操作職員が行っても構いません。

加算に必要な項目は資料で確認する

各様式の入力画面に表示される「必須」は、**データを保存する場合に必要となる項目**です。そのため、加算を算定する際の必須項目というわけではありません。**加算における必須項目**は「ケアの質向上に向けた科学的介護情報システム（LIFE）利活用の手引き」（厚生労働省）に掲載されていますので、そちらをきちんと確認するようにしましょう。

リハビリマネジメントに関する様式の設定方法

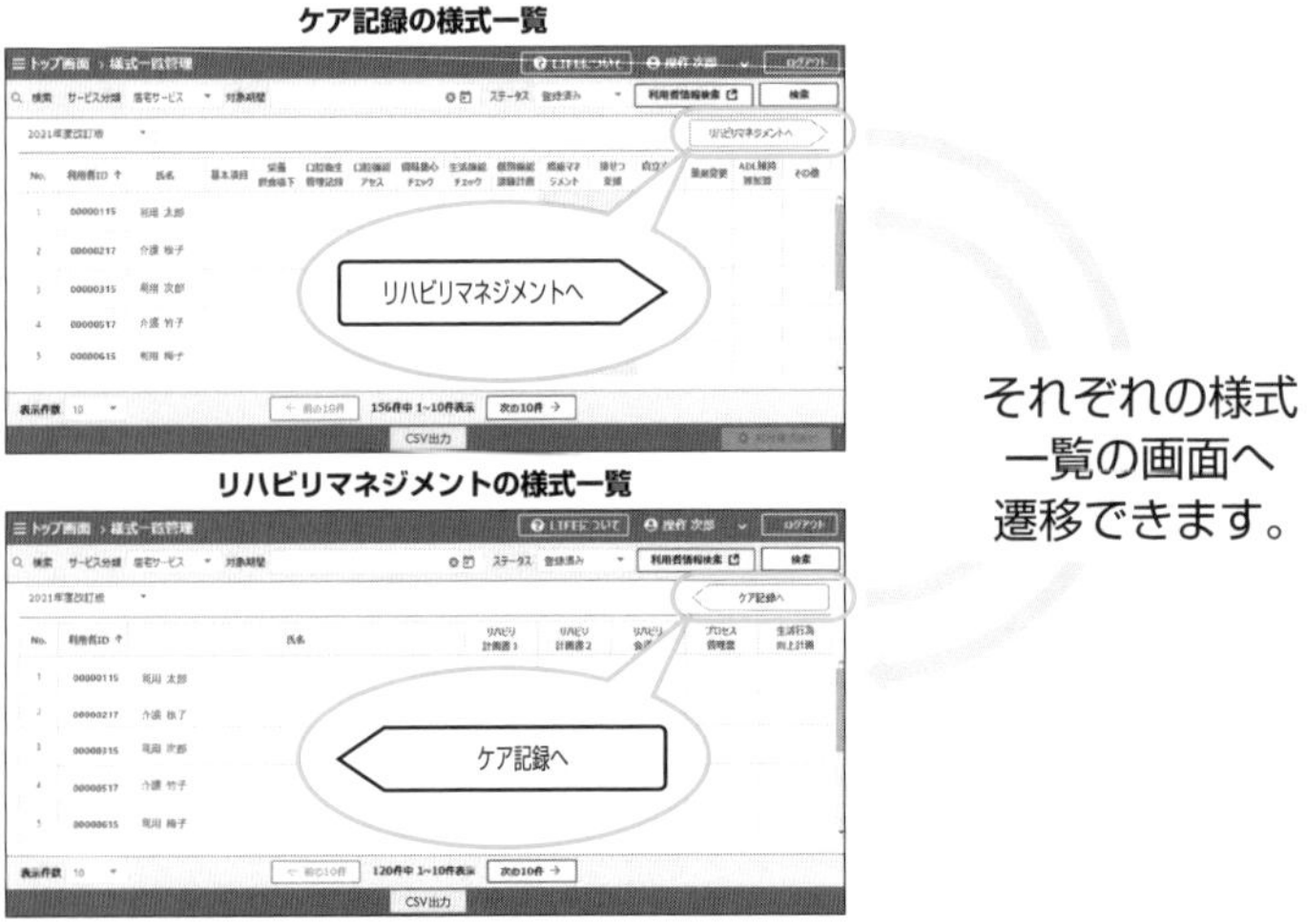

出典：「科学的介護情報システム（LIFE）操作説明書」（厚生労働省）（https://www.mhlw.go.jp/content/12301000/000949386.pdf）（2023年2月1日時点）

LIFEの画面にある「必須」と加算の必須項目の違い

〈LIFEの入力画面〉

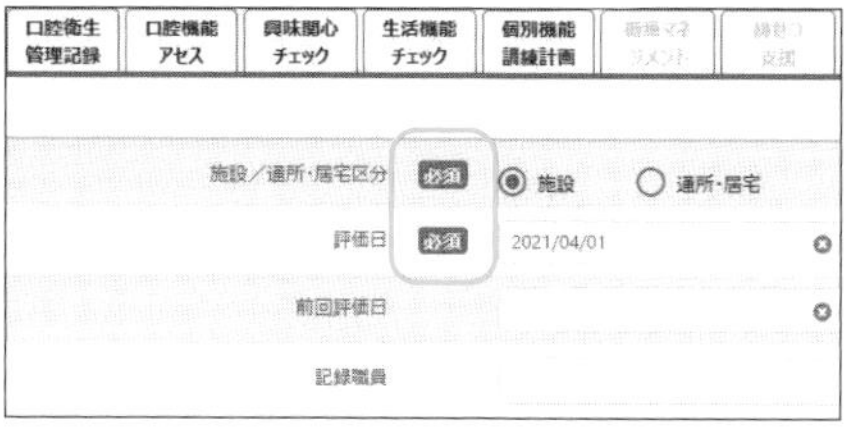

LIFEの記入画面上の「必須」項目は、データを保存する際に必要となる項目です。

〈科学的介護推進体制加算〉

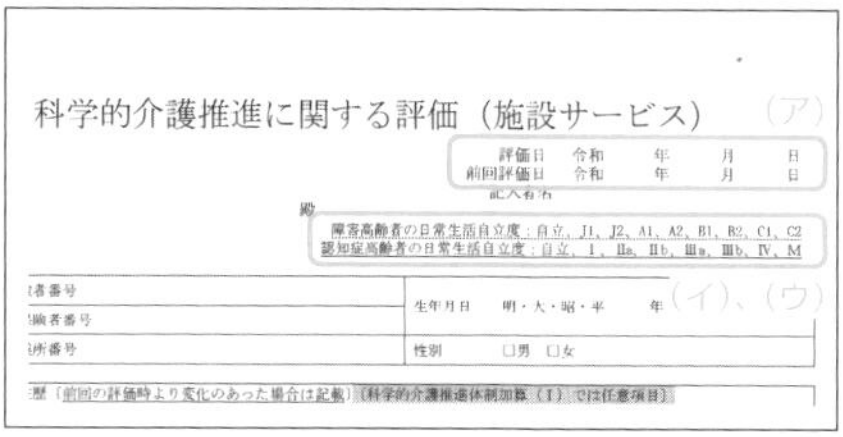

加算における必須項目は「ケアの質向上に向けた科学的介護情報システム（LIFE）利活用の手引き」でチェックしましょう。

LIFE導入に役立つ厚生労働省の資料

● LIFEの設定・操作方法を知りたい

科学的介護情報システム（LIFE）導入手順書

LIFEを利用する前の注意点や、導入時の準備が記載されています。

● LIFEの設定・操作方法を知りたい

科学的介護情報システム（LIFE）操作説明書

操作時の画面と一緒に操作方法を説明してくれているので、手元の画面と見比べながら進めることができます。

● LIFEに提出する情報の頻度や内容を知りたい

科学的介護情報システム（LIFE）関連加算に関する基本的考え方並びに事務処理手順及び様式例の提示について

LIFEに関連する加算ごとに「どういった情報を提出するか」「どれぐらいの頻度で提出するか」等がまとめられています。

ＬＩＦＥの先にあるもの ～成功報酬・月単位報酬

ＬＩＦＥの導入によって、介護報酬のかたちも変わっていくことが予想されます。

成果を上げると収入が減る現実

リハビリテーションの結果、利用者が自力で歩けるようになれば、家族等にも喜んでもらえるでしょう。しかし、このような成果を上げた事業所は収入が減ってしまいます。これは介護報酬が利用者の要介護度によって高くなる仕組みだからです。利用者が自力で歩けるようになった結果、次回の認定審査で要介護度は下がり、結果として担当事業所の報酬単位が下がってしまうのです。この欠点は、介護保険法がスタートする前から指摘され、当時「成功報酬の導入」も検討されました。しかし、介護保険法の理念には合わないという理由で導入が見送られました。当時の記録では、成果を上げ収入が減る事業所等に「国は心の中で花束を渡す」とあります。今現在も、多くの事業所等では成果に見合った収入が得られていないでしょう。

成功報酬の導入が進む

第2回未来投資会議において、安倍内閣総理大臣（当時）が自立支援介護の導入を宣言してから、成功報酬へと時代が転換していきました。しかし宣言から10年以上が過ぎた今も、成功報酬といえる加算はＡＤＬ維持等加算等の一部に留まっています。その原因は、介護サービスにおけるエビデンス不足、算定基準の達成・未達成の線引きが困難なことにあります。従来のＶＩＳＩＴとＣＨＡＳＥでは、利用率が1桁と低迷したため十分なデータを蓄積することができませんでした。しかし、ＬＩＦＥでは初日からアクセスの集中でシステムがパンクするほど、多くの介護事業所等が利用を進めています。今後この線引きの役割をＬＩＦＥ

が担うようになり、成功報酬の導入が進む（成果が出たかの判断基準の1つとしてＬＩＦＥの数字が用いられる）と考えられます。

通所リハビリテーションでは月単位報酬体系に

令和3年度介護報酬改定にて、厚生労働省は通所リハビリテーションの基本報酬を、回数単位の報酬から月単位報酬体系（月額包括報酬）へ切り替える案を提案しました。月単位報酬体系とは「3段階の基本報酬体系・4つの評価指標」で報酬ランクが決まる仕組みです。下図【4つの評価指標】の1つで、ＬＩＦＥのデータが活用されていくと思われます。

月単位報酬体系のイメージ（通所リハビリテーション）

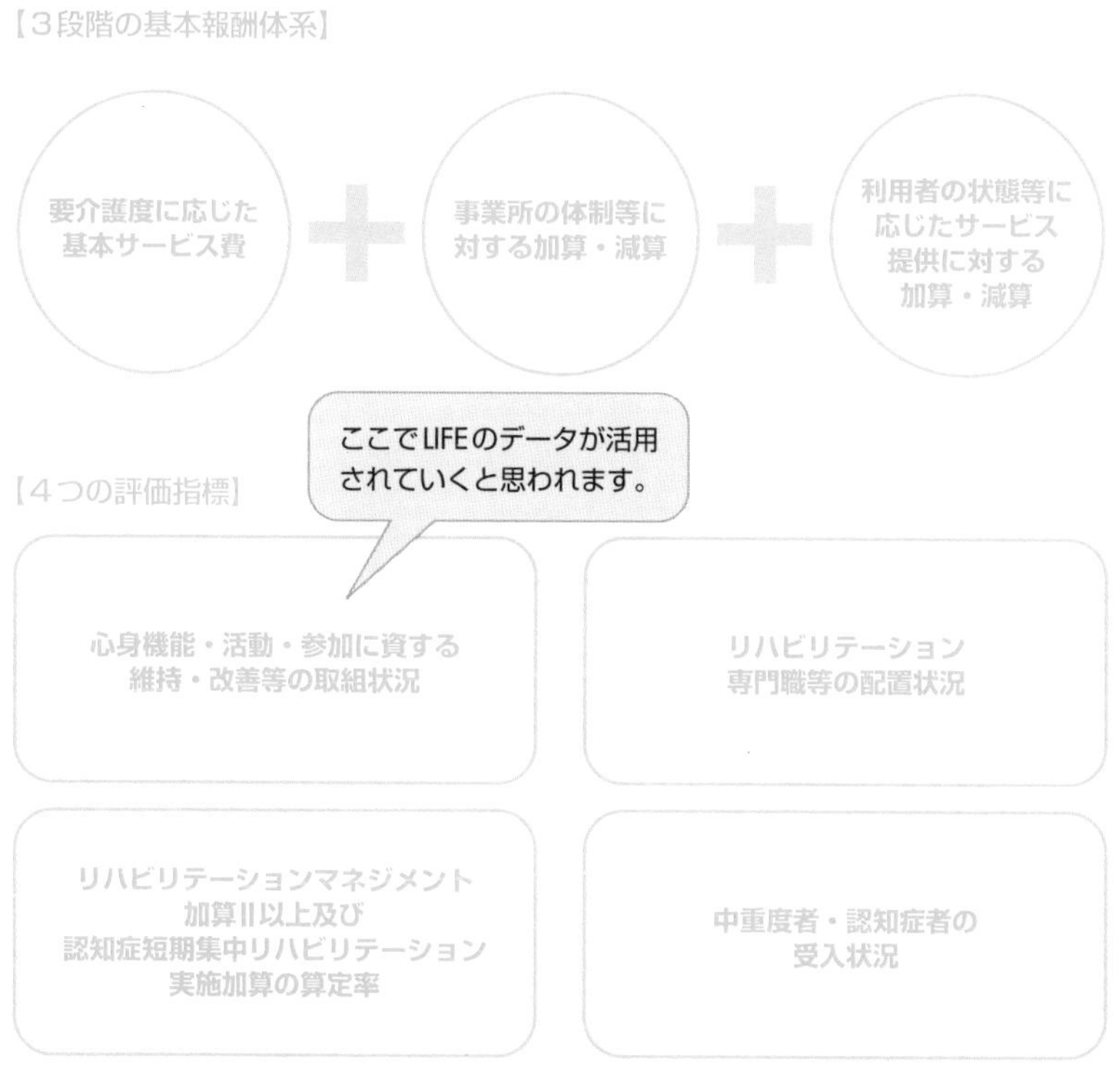

※「通所リハビリテーションの報酬・基準について」（厚生労働省）（https://www.mhlw.go.jp/content/12300000/000695025.pdf）（2023年2月1日時点）に著者吹き出し加筆

8 セキュリティー対策も忘れずに！

LIFE運用に限らず、介護事業所は個人情報取扱事業者としてセキュリティー対策を講じましょう。

個人情報取扱事業者の意識を持とう

事業者は例外なく**「個人情報取扱事業者」**です。個人情報取扱事業者とは「個人情報データベース等を事業の用に供している者」（個人情報保護法第16条2項）のことをいいます。

事業者はサービスの種別に関係なく、日常的に利用者の様々な情報を扱っています。サービスの利用が開始されると、被保険者番号・生年月日・氏名・家族構成・既往歴といった基本情報から、評価の過程で取得した情報や日々の生活の内容まで、多岐に渡る情報を管理することになります。また、最近ではこれらの情報は電子化され、介護記録システムや、時にはWordやExcel等のデータとして電子保存されます。職員からすると、これらの情報は**「日常的に触れている情報」**であり、重要な「個人情報」であることを意識できていないかもしれません。

取り扱う情報のなかには要配慮個人情報も

個人情報保護法第2条では「病歴」や「医師等により心身の状態の改善のための指導または診療もしくは調剤が行われたときの情報」「個人情報保護委員会規則で定める心身の機能の障害に関する情報」等は**「要配慮個人情報」**として、人権保護の観点から、特に慎重な取り扱いが求められています。

昨今個人情報の取り扱いについては、世界各国で厳格化されており、日本も例外ではありません。令和4年4月には、情報漏えい時の個人情報保護委員会への報告や、本人への通知が義務づけられました。[※1] 虚偽報告等への罰則についても強化され、法人が措置命令違反等をした際には1億円以下の罰金が課される等（令和5年度2月時点）、個人情報保護の責任と善良な取り扱いが求められています。

遵守が求められる情報管理の視点

個人情報取扱事業者であり、かつ要配慮個人情報を取り扱う介護・福祉事業者は**「利用目的の特定」「安全管理措置」「第三者提供の制限」**等が義務づけられています。本項では特に対策が重要となる「安全管理措置」について解説していきます。そのほかについては、利用者との契約時等にしっかりとルールを設定するようにしましょう。

個人情報の保護に関するガイドライン[※2]では、安全管理措置を実施するための手法の例が提示されており、**4つの観点[※3]での対策**が重要とも記載されています。次項でその観点について説明していきます。

※1：個人情報保護委員会は、日本の行政機関として、個人情報の保護に関する法律に基づき設置された合議制の機関（https://www.ppc.go.jp/aboutus/commission/）

※2：個人情報保護委員会「個人情報の保護に関する法律についてのガイドライン（通則編）」（https://public-comment.e-gov.go.jp/servlet/PcmFileDownload?seqNo=0000223339）

※3：厚生労働省が各事業者に対し遵守を求める「医療情報システムの安全管理に関するガイドライン（5．2版）」でも、4つの観点での安全管理措置を求めている

個人情報と要配慮個人情報

個人情報

介護関係事業者における個人情報の例

- ケアプラン
- 介護サービス提供にかかる計画提供したサービス内容等の記録
- 事故の状況等の記録　等

医療機関等における個人情報の例

- 診療録
- 処方せん
- 手術記録
- 看護記録
- 紹介状
- 調剤録 等

要配慮個人情報

介護関係事業者および医療機関等で要配慮個人情報に該当する情報

- 診療録等の診療記録
- 介護関係記録に記載された病歴
- 診療や調剤の過程で、患者の身体状況、病状、治療等について、医療従事者が知り得た診療情報や調剤情報
- 健康診断の結果及び保健指導の内容
- 障害の事実
- 犯罪により害を被った事実　等

安全管理措置の具体的な内容

ここからは具体的な対策について説明していきます。

まず、事業所が取り組むべきものは「**組織的安全管理措置**」です。責任者の明確化や個人情報の運用状況の定期的な点検、漏えい時の対応の取り決め等を行いましょう。次に「**人的安全管理措置**」では情報管理に関する教育を職員に対して徹底的に行い、扱っている情報が保護すべき個人情報であることを全職員が認識している状態を目指します。

「**物理的安全管理措置**」は、データの使用場所や持ち運びの範囲等の物理的な対策のことをいいます。普段の業務の効率性を考慮すると難しいところではありますが、データ保管庫の施錠やパソコン等の盗難防止措置等を行いましょう。また、パソコンにログインした状態で放置したり、第三者が覗き見できる状態にあったりすることは望ましくありません。加えてデータの破棄についての対策も必要です。パソコンやUSB等の記録媒体の廃棄時には、復元不可能な状態にするか、物理破壊を行いましょう。

最後に「**技術的安全管理措置**」ですが、本措置はいままでの対策と違い「テクノロジーを用いた安全管理措置」ですので、必要に応じてITベンダーの力を借りる等しましょう。具体的な対策内容としては、介護記録ソフト等を閲覧できる職員を介護職員に限定する。そのほか、情報への接続時には二要素認証※4を求める等があります。

※4：IDとパスワードの組み合わせに加え、生体情報要素（指紋・顔等）や物理的所有要素（電話認証・SMS認証等）を必要とする認証方式

そのほかのセキュリティー対策

昨今外部からの不正アクセス等がより脅威となっており、技術的側面での対策強化も重要です。対策としては前述のほか、**OSや使用ソフトの定期的なアップデートや、事業所のインターネット接続箇所へのファイアウォールの設置、ウイルス対策ソフトの導入**等、不正アクセス検知・排除措置を講じましょう。

日常的に扱うデータは、事業所がきちんと守るべきものです。４つの安全管理措置の徹底や各ガイドライン記載の観点で、情報管理を行うようにしましょう。

安全管理措置で大切な４つの対策

組織的安全管理措置

- 組織体制の整備
- 個人データの取り扱いに係る規律に従った運用
- 個人データの取扱状況を確認する手段の整備
- 漏えい等事案に対応する体制の整備
- 取扱状況の把握及び安全管理措置の見直し

物理的安全管理措置

- 個人データを取り扱う区域の管理
- 機器及び電子媒体等の盗難等の防止
（例：ワイヤーロックの活用）
- 電子媒体等を持ち運ぶ場合の漏えい等の防止
（例：データの暗号化）
- 個人データの削除及び機器、電子媒体等の廃棄
（例：紙媒体情報 → 焼却・溶解・シュレッダー等）

技術的安全管理措置

- アクセス制御
- アクセス者の識別と認証
- 外部からの不正アクセス等の防止
- 情報システムの使用に伴う漏えい等の防止

人的安全管理措置

- 従業者の教育
（例：法人内での定期的な研修や外部研修を実施）

＊情報処理推進機構のガイドラインや情報セキュリティハンドブックも活用

「組織的安全管理措置」の各項目

組織体制の整備

- 個人データの取扱いに関する責任者の設置及び責任の明確化
- 個人データを取り扱う従業者及びその役割の明確化

個人データの取扱いに係る規律に従った運用

- 個人データが記載又は記録された書類・媒体等の持ち運び等
- 個人情報データベース等の削除・廃棄
（委託した場合の消去・廃棄を証明する記録を含む。）

個人データの取扱状況を確認する手段の整備

- 個人情報データベース等の種類・名称の明確化
- 責任者・取扱部署の明確化

漏えい等事案に対応する体制の整備

- 影響を受ける可能性のある本人への通知
- 個人情報保護委員会等への報告

取扱状況の把握及び安全管理措置の見直し

- 個人データの取扱状況について、定期的に自ら行う点検
- 又は他部署等による監査を実施

※「個人情報の保護に関する法律についてのガイドライン（通則編）」（個人情報保護委員会ウェブサイト）（https://www.ppc.go.jp/personalinfo/legal/）（2023年2月1日時点）をもとに著者作成

9 LIFE導入の実際

ここではLIFEの導入・活用について「事業所は実際どう感じているのか」を取り上げています。

調査概要

令和3年10月～12月に、厚生労働省はLIFE登録済み事業所と未登録事業所に対してアンケートとヒアリング調査を行いました。その結果が、令和4年3月に公表されました。本調査の目的は、LIFEを活用した取り組み（特にリハビリテーション・機能訓練、口腔、栄養等の多職種連携）の状況を把握するとともに、さらなるLIFEの活用に向けた課題の検討を行うものでした。

LIFEの活用が役に立った場面

介護サービスのなかでLIFEがどのように役立ったかについて「LIFEに利用者のデータを入力し管理することで、利用者の状態や課題を把握しやすくなった」が34・8%と最も高く、また「LIFEの活用を通じて利用者のアセスメント（評価）方法・頻度が統一された」という回答も比較的多かったとされています。これらは、LIFEの活用における最大のメリットといってもよいでしょう。

従来の介護サービスを継続していると、どうしても同じことの繰り返しとなって、利用者の状態変化を見つけにくくなります。

担当者が定期的にLIFEにデータを入力することは、**今まで気づかなかった利用者の状態変化に気づくよい機会**となります。また、加算を算定するためとはいえ、3か月または6か月ごとに評価指標を用いて利用者を評価することで、**評価の方法や頻度が統一**されていきます。

このように、業務の流れが取りまとめられることも、LIFEの活用における大きな利点といえるでしょう。

LIFEの使用に関する調査

【調査概要】

令和3年12月24日時点

	母集団※1	抽出方法※2	発出数	回収数	回収率	有効回収率※5	調査期間・調査時点
LIFE登録済み事業所	25,168	無作為抽出※3	4,993	2,170	43.5%	43.5%	令和3年10月～令和3年12月 ※調査時点は回答日時点
LIFE未登録事業所	67,369	無作為抽出※4	2,502	1,128	45.1%	45.1%	

※1　介護保険総合DBにおける令和3年6月に請求実績のある事業所を母集団としている。
※2　災害救助法の適用地域に所在している事業所を除き抽出した。
※3　令和3年6月にLIFE関連加算（科学的介護推進体制加算等）の算定がある事業所を対象としてサービス別に抽出した。
※4　令和3年6月にLIFE関連加算（科学的介護推進体制加算等）の算定がない事業所を対象としてサービス別に抽出した。
※5　設問によっては未回答の事業所があるため、設問ごとに集計対象回答数は異なる。

【ケアの一連の活動のなかでLIFEがどう役立った？】

（回答数=2,155）　※複数回答可

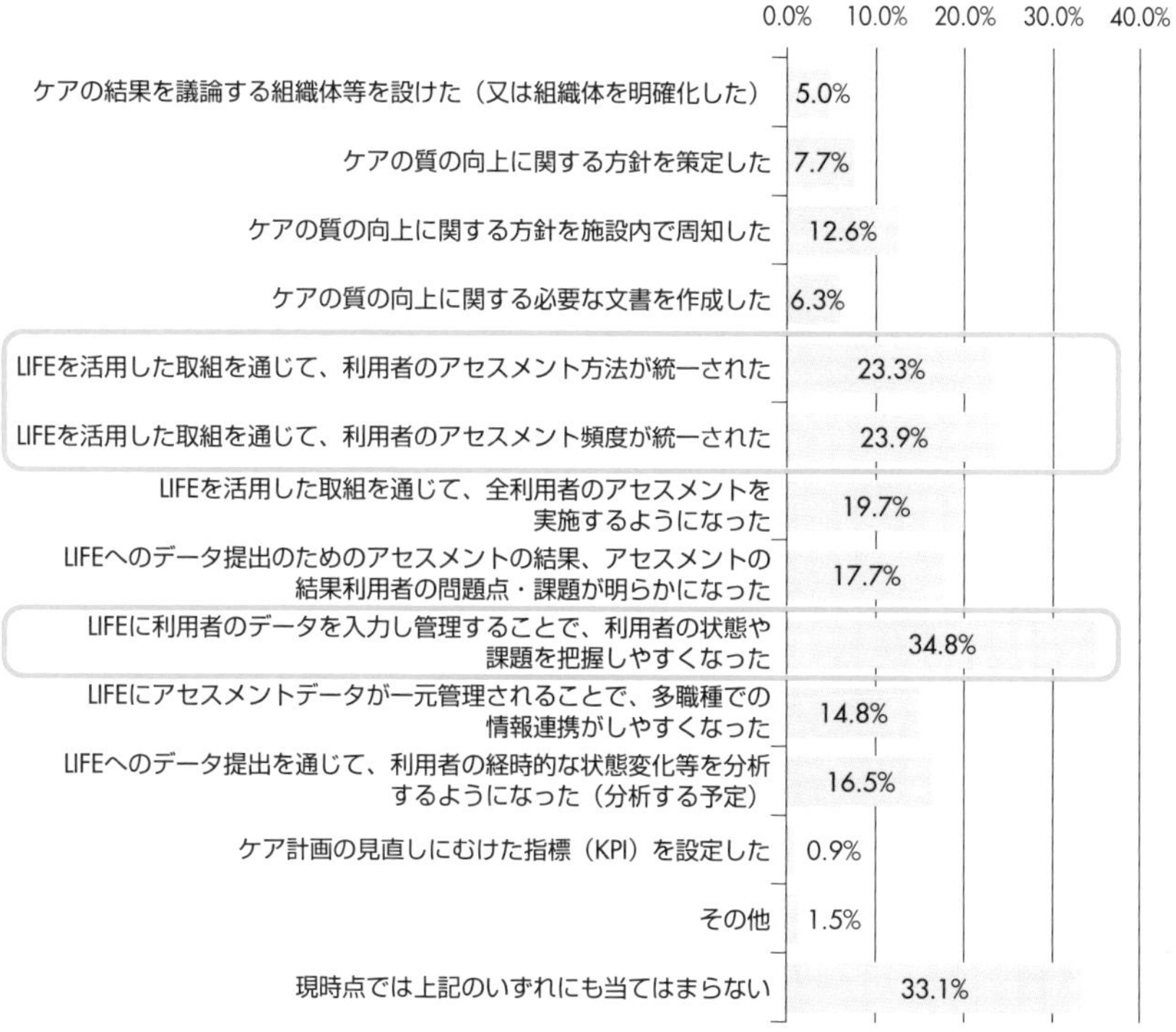

※「(2) LIFEを活用した取組状況の把握及び訪問系サービス・居宅介護支援事業所におけるLIFEの活用可能性の検証に関する調査研究事業（結果概要）（案）」（厚生労働省）（https://www.mhlw.go.jp/content/12300000/000906789.pdf）（2023年2月1日時点）を加工して作成

多職種での連携・議論が大切

LIFEの活用については「既存の委員会で議論した」施設等が18・6%、「委員会等の組織体以外で議論した」施設等が16・9%でした。議論した内容は「利用者の状態像の変化」が53・7%、「利用者の状態像等を踏まえたケア内容・実施方法等」の検討が49・8%でした。

LIFEを活用した一体的取り組み（多職種連携等）を行っている施設等は22・5%でしたが、今後LIFEを活用して「多職種間における日々の情報共有」「他職種を含む会議体での情報共有」を検討している施設等はそれぞれ40%を超えていました。このことから、現時点では多職種連携等が行えていない施設等でも、今後、多職種で情報を共有する場で活用したいと考えていることがわかります。

LIFEに関する加算を取得するための算定要件の1つに、**多職種でフィードバック票を共有して検討する**ことがあります。この場合、第4章でふれるLIFE委員会や既存の委員会と共有することが合理的で、実際にそのような用途で活用している施設等が多いです。ケアマネジャーとの情報共有、多職種会議での情報共有については、モデル事業（国が実施）を通じて現在模索中となっています。

LIFEに要する時間

LIFEの活用においては**「アセスメント」に最も多く時間をかけている**ようです（施設全体で平均14・6時間）。また「記録ソフトへのデータ入力」には平均12・5時間、LIFEへの「インポート機能の利用」には平均1・3時間、「LIFE上での直接入力」には平均4・6時間かかっているとのことでした。これらの数値は高く感じるかと思いますが、担当者の慣れの問題もありますので、LIFE導入以降改善されていくものだといえます。

LIFE導入によって評価も変化

LIFEの導入によって利用者の評価に変化が「あった」と回答した施設等は50・1%でした。また、「評価基準に基づき評価（ADL評価、褥瘡の評価等）」するようになった施設等は、68・0%（導入前）から82・9%（導入後）に増加しています。このような結果は、LIFEの加算の算定要件に**「評価後のデータの活用」**があるからだと考えられます。

LIFE導入による評価方法の実施割合の変化

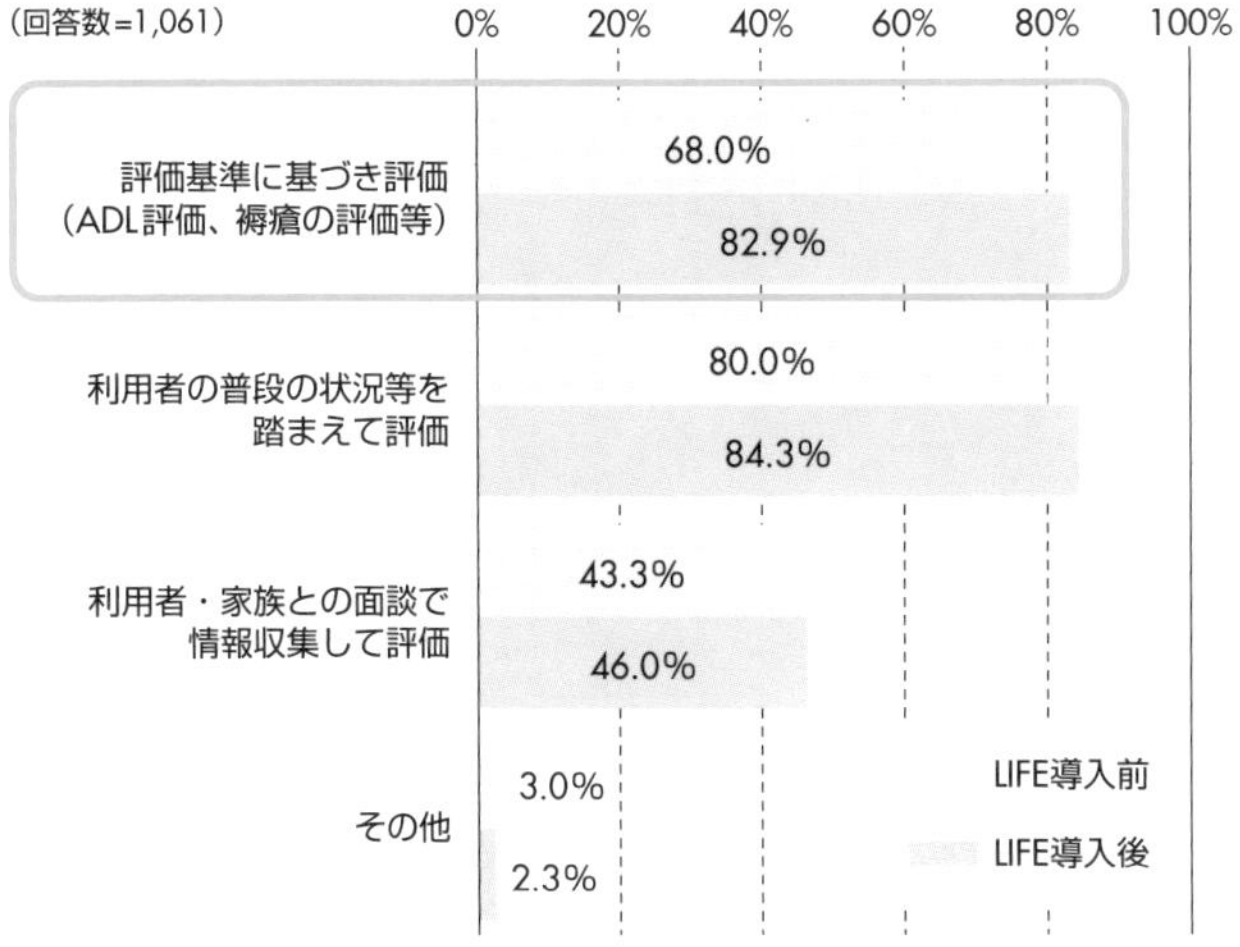

出典：「(2) LIFE を活用した取組状況の把握及び訪問系サービス・居宅介護支援事業所におけるLIFEの活用可能性の検証に関する調査研究事業（結果概要）（案）」（厚生労働省）（https://www.mhlw.go.jp/content/12300000/000906789.pdf）（2023年2月1日時点）

LIFEの作業にどれぐらい時間がかかる？

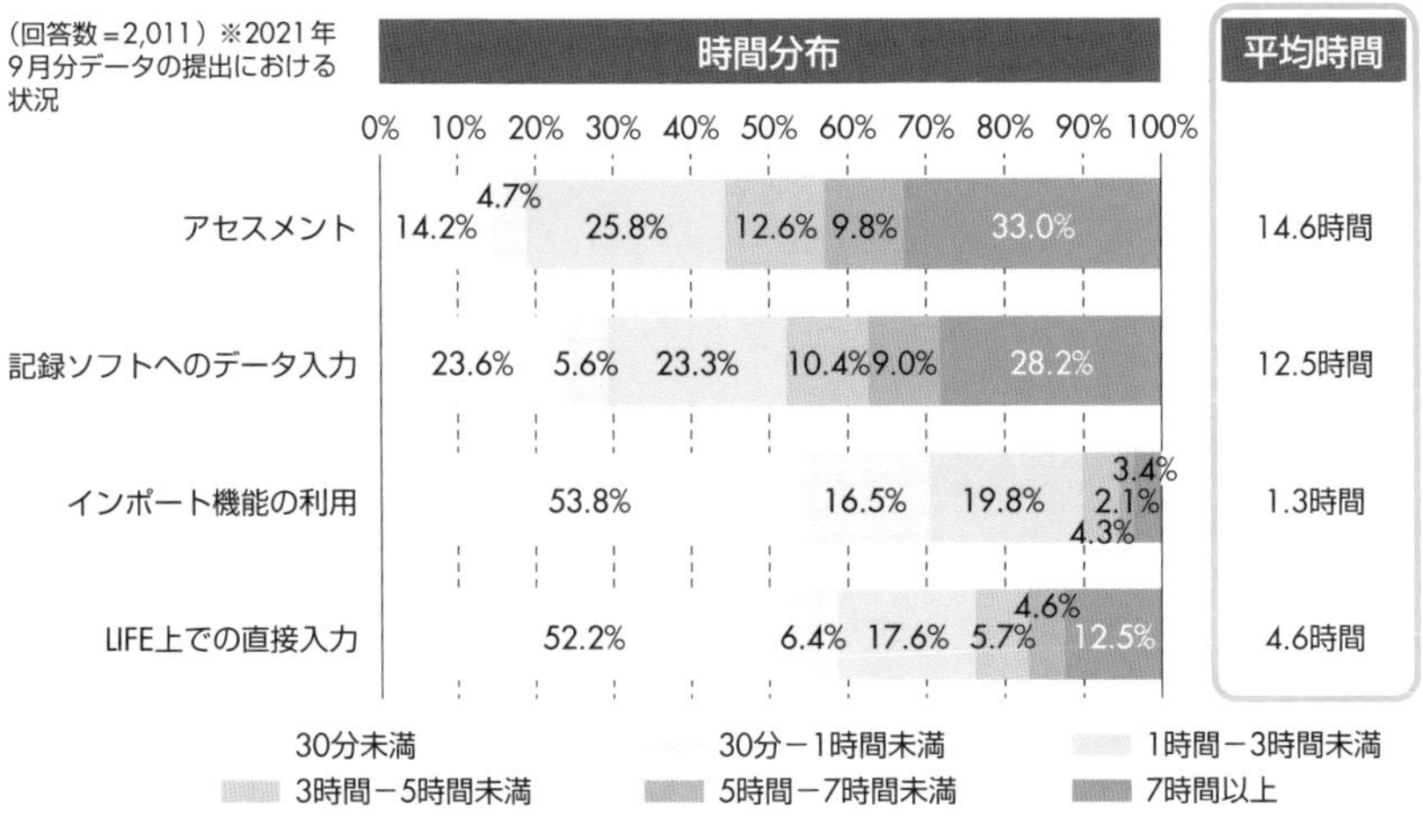

出典：「(2) LIFEを活用した取組状況の把握及び訪問系サービス・居宅介護支援事業所におけるLIFEの活用可能性の検証に関する調査研究事業（結果概要）（案）」（厚生労働省）（https://www.mhlw.go.jp/content/12300000/000906789.pdf）（2023年2月1日時点）

利用者を評価する際の視点も広がる

ここでは、LIFEの導入によって各評価項目にどのような変化があったかをみていきます。**ほとんどの評価指標において実施割合が増加**していますが、そのなかでもADL（BI）（導入前：65・4％→導入後89・9％）、行動・心理症状（DBD13）（25・9％→63・3％）、意欲（Vitality Index）（31・7％→71・0％）が大きく増加したようです。これらは、明らかにLIFE導入のメリットといえるでしょう。

加算の算定要件に組み込まれたことで、確実に多くの施設がLIFE関連の評価に取り組むようになっています。これは、**利用者の状態をみる視野が広くなったということであり、ケアの質の向上**につながります。科学的介護推進体制加算を算定するためには、すべての利用者に対して半年に1回これらを実施し、LIFEにデータを提出しましょう。

未登録事業所の意向

LIFE未登録事業所における今後の意向としては「活用したい（アカウント申請済み）」（43・7％）と「活用したい（アカウント申請予定）」（23・8％）の合計で約67・5％でした。それに対して「活用したいと思わない」は32・5％でした。その理由として最も多かったのが「データを入力する職員の負担が大きい」（63・8％）でした。これはLIFEを活用するうえで避けては通れない問題です。ただし、**介護記録ソフトを導入することで大きく軽減**されるでしょう。

しかしながら、介護記録ソフトを導入するには「費用」という負担がかかることも事実です。費用は、数十万円から数百万円まで、ベンダーによって様々です。特に小規模事業所ではこの負担に耐えられないケースも多いと思われます。

また、2年近くフィードバック票が暫定版であったため、LIFE自体に疑問を抱いたこともあったでしょう。まだ、LIFEに対して抵抗等があるかもしれませんが、活用することで得られるメリットも多くあります。負担を軽減する策を検討しつつ、LIFEの導入を考えてみるとよいでしょう。

各評価項目の実施割合の変化

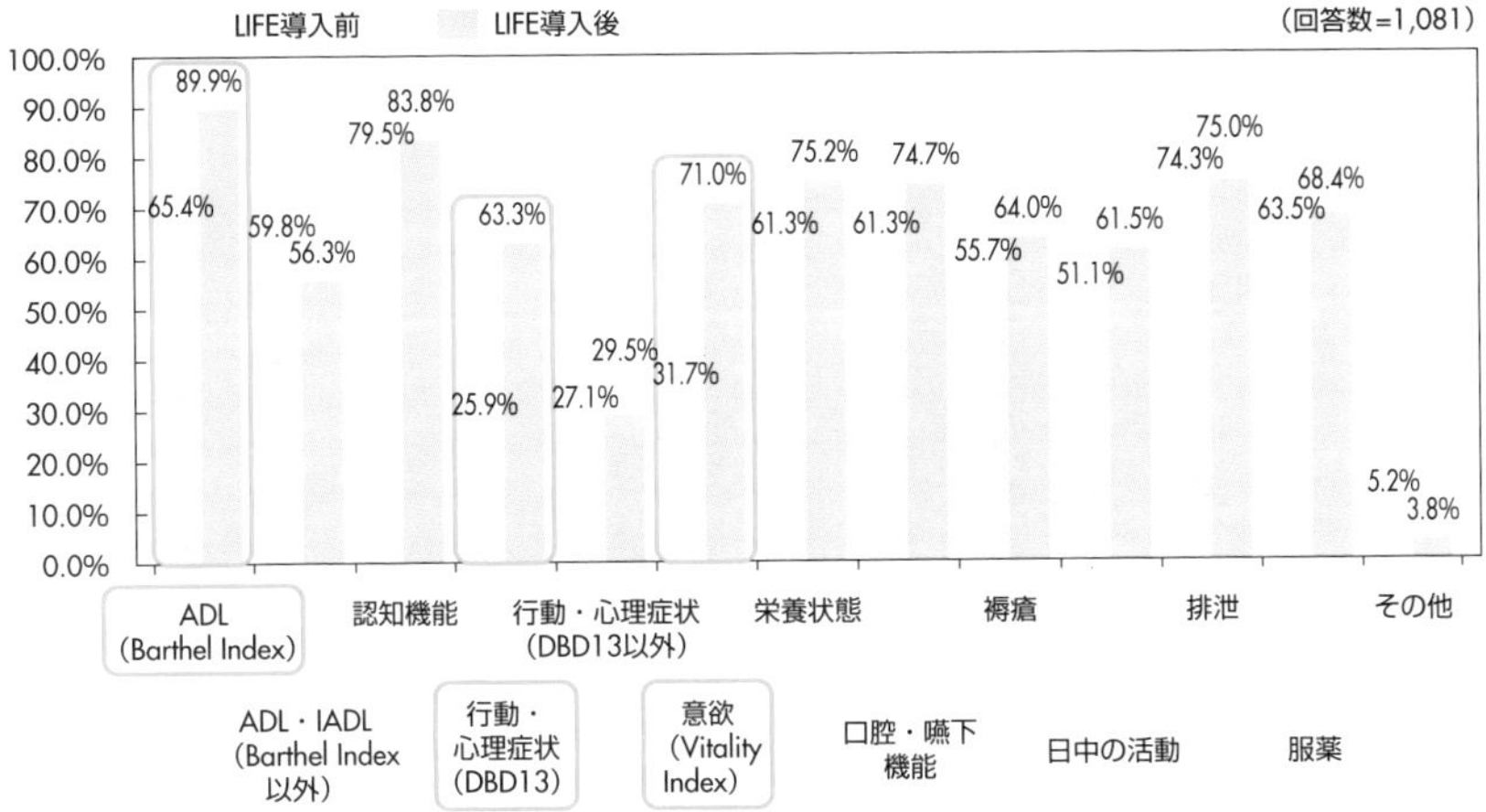

出典：「(2) LIFEを活用した取組状況の把握及び訪問系サービス・居宅介護支援事業所におけるLIFEの活用可能性の検証に関する調査研究事業（結果概要）（案）」（厚生労働省）（https://www.mhlw.go.jp/content/12300000/000906789.pdf）（2023年2月1日時点）

LIFEを活用したいと思わない理由

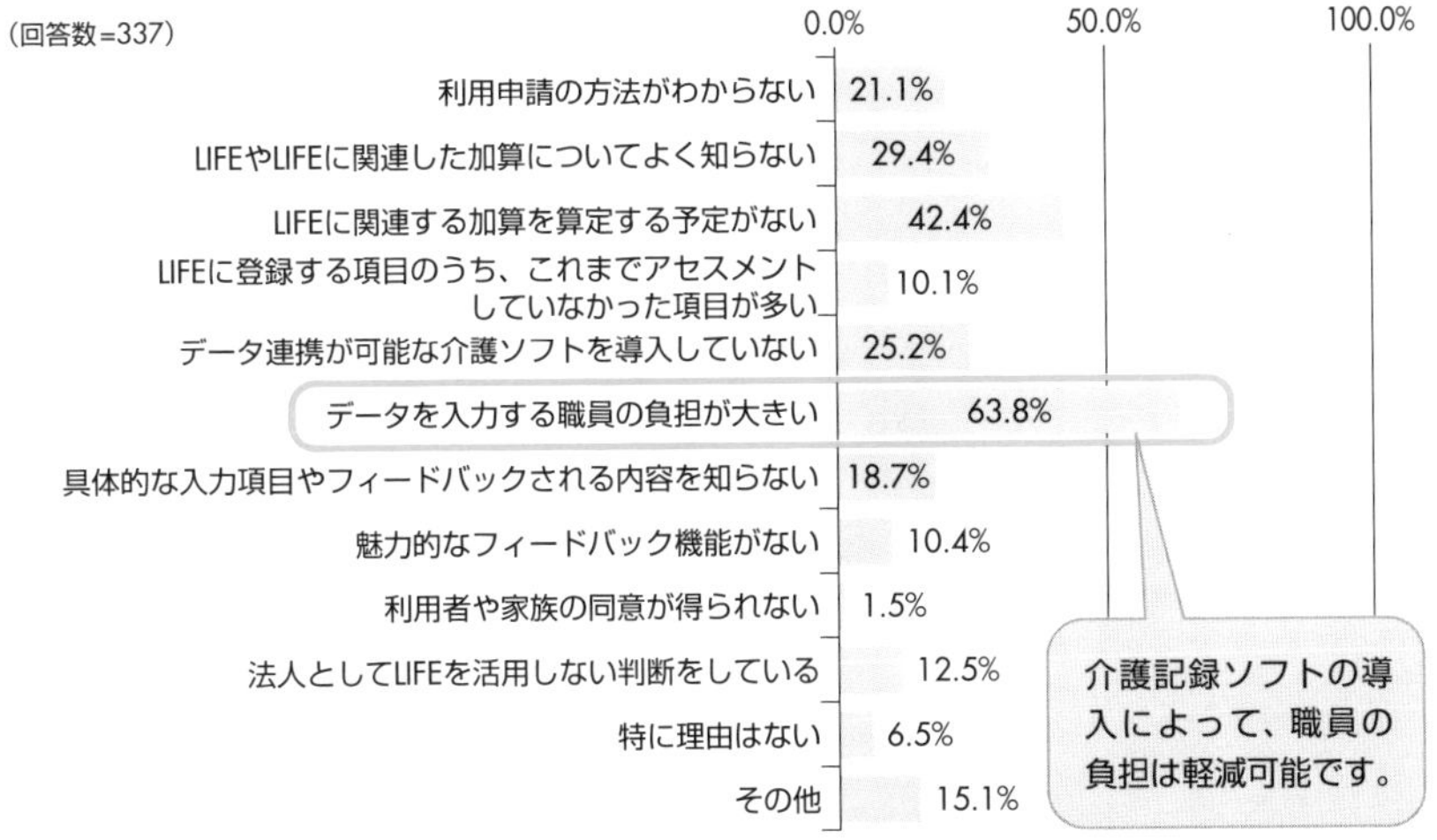

※「(2) LIFEを活用した取組状況の把握及び訪問系サービス・居宅介護支援事業所におけるLIFEの活用可能性の検証に関する調査研究事業（結果概要）（案）」（厚生労働省）（https://www.mhlw.go.jp/content/12300000/000906789.pdf）（2023年2月1日時点）に著者吹き出し加筆

10 訪問サービス・居宅介護支援ではモデル調査を実施

訪問介護・看護、居宅介護支援でのLIFE活用方法はまだ模索段階です。

令和6年度介護報酬改定で新加算創設へ

厚生労働省は令和3年10月から、次期介護報酬改定に向けて、訪問介護・看護、居宅介護支援事業所でLIFE活用に関するモデル調査を実施し、具体的な活用方法の検討と課題の検証を行いました。これは令和6年度介護報酬改定で、訪問系サービスおよび居宅介護支援事業所における**LIFE加算の創設を検討するため**です。これが実現すると、LIFEはほとんどの介護サービスを網羅することとなります。

訪問サービスでは手間と活用方法が課題に

訪問介護・看護では、科学的介護推進体制加算の項目に沿った評価を実施したうえで、LIFEにデータを提出する仕組みです。その後、事業所および利用者のフィードバック票がLIFEから提供されるので、それを活用します。

モデル調査の結果、訪問介護・看護ともに「アセスメント（評価）に手間がかかる」との回答が多く、フィードバック票の活用でケアの見直しまで行った事業所はごく少数でした。また、LIFEの活用が介護の質へ与えた効果について、訪問介護では「介護の質の向上に寄与すると思う・やや思う」との回答が70%、訪問看護では33%でした。

また、フィードバック票については、40%近いケアマネジャーが「活用するイメージが湧かない」「結果の見方がわからない」「結果からどのようにケアを改善すればよいかわからない」を挙げています。こういった悩みや困りごとを抱えている方にとって、第4章で解説する「結果の見方」や「LIFEの活用方法」が助けになればと思います。

訪問系サービスにおける課題としては「一部の項目

に関する評価の難しさ」が挙げられ、フィードバック票を活用するための手引きの充実が求められています。この点については、次に解説する居宅介護支援や先行する介護サービスでも課題となっています。介護サービスでLIFEが導入されてから1年以上もの間フィードバック票が暫定版なため、活用事例がほとんどありません。このような状況がフィードバック票の活用の難易度を上げているといえるでしょう。

居宅介護支援では適切な活用方法を模索中

居宅介護支援事業所では、ケアプランに位置づけた担当事業所が、LIFEに入力したデータをサービス担当者会議に持ち寄って、担当事業所で共有・検討するかたちで活用します。このモデル調査では、居宅介護支援事業所が直接LIFEにデータを提供するのではなく、担当事業所のフィードバック票を二次利用するかたちでしたが、今後さらにモデル調査を行って、適切な活用方法を検討することになっています。

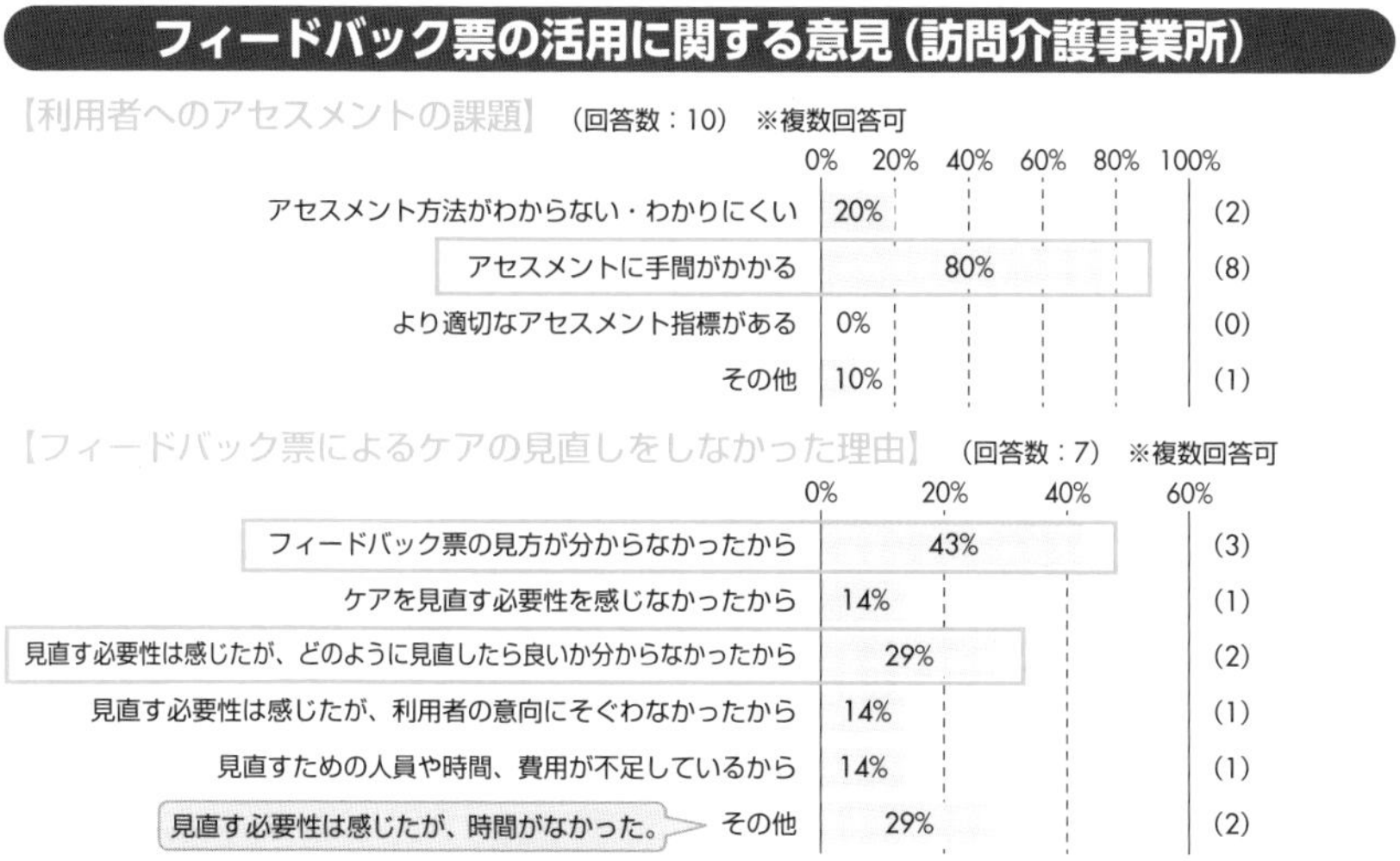

※調査対象事業所数が少ないため、グラフと割合は参考として記録

※「(2) LIFEを活用した取組状況の把握及び訪問系サービス・居宅介護支援事業所におけるLIFEの活用可能性の検証に関する調査研究事業（結果概要）（案）」（厚生労働省）（https://www.mhlw.go.jp/content/12300000/000906789.pdf）（2023年2月1日時点）を加工して作成

LIFE導入に向けて経営者が行うべきこと

LIFEをまだ導入していない施設・事業所では、職員と次のことを事前に共有しておくとよいでしょう。

「最初は時間も負担もかかる」ことを職員にまず伝える

新しくシステムを導入すると、それに慣れるまで、そして効果が出るまで時間がかかります。また、職員に負荷がかかることも当然です。そこで、経営者や現場責任者は必ず**「最初はどうしてもシステムに慣れるまで時間がかかってしまうこと」を事前に説明**しておくようにしましょう。

ある施設では、データ入力に時間がかかることを職員全員に説明してからLIFE導入に向けて動き出しました。導入直後はやはりLIFEに対して抵抗があったようですが、2か月ほど経つとシステムに慣れたそうです。今後**フィードバック票が出てきて活用が多岐にわたる前に、**このような説明を改めて職員に向けてしておくとよいのではないでしょうか。

導入する予定がなくても……

介護報酬改定までまだ時間はありますが、今後LIFEを避け続けるというのは難しいと思います。だからこそ、LIFE委員会やプロジェクトチームを自施設・事業所内で発足し、LIFEへの理解・データ入力・活用方法を共有しましょう。また、現時点でのLIFEに関する情報を収集し、**施設・職員・利用者それぞれにとってのメリット・デメリットを洗い出し共有する**機会を設けることをおすすめします。

第2章

LIFE関連の加算

LIFE関連の加算の算定要件に「PDCAサイクルによる活用」があります。これを行わないと、今後の運営指導においてLIFE関連の加算の返還指導となるため、注意が必要です。第2章は、LIFE関連の各加算の算定要件等を再確認することで、将来の運営指導時に指摘されないことを目的としています。

11 令和3年度介護報酬改定において

多くの加算にLIFE関連の項目が創設されました。

科学的介護推進体制加算が基本

LIFE活用の基本は科学的介護推進体制加算にあります。そのほかの加算は、あくまで上乗せに過ぎません。ただし「あくまで上乗せだから」といって算定しないでよいわけではありません。効果的なリハビリテーションの成果を得るためには、ADLやIADLの推移だけを検討するのではなく、栄養改善や口腔ケア等の幅広い情報を活用して、原因分析や解決策を検討する必要があります。

では、逆に科学的介護推進体制加算以外の加算のみを算定した場合はどうでしょう。例えば個別機能訓練加算やリハビリテーションマネジメント加算を算定してフィードバックされる情報は、ADLとIADLの時系列の比較と項目別のレーダーチャートだけです。これだけだと、LIFEを活用する意味はありません。

やはり、科学的介護推進体制加算を算定することで提供されるBMIや栄養改善、DBD13等のデータと合わせて、総合的に分析・検討することが大切です。

科学的介護推進体制加算でもADL値の分析結果は提供されますが、さらに個別機能訓練加算等を算定することで、IADL関連情報が追加され、さらに深掘りした解析が可能となります。ほかの加算も同様で、栄養マネジメント強化加算等を算定することで食事量や栄養改善の情報が上乗せされます。

LIFEの基本的な活用は、科学的介護推進体制加算の項目だけで可能ですが、**ほかの加算も算定してより有効的なデータを取得**しましょう。

LIFE関連の加算は毎月の算定である

LIFE関連の加算単位は、多くの場合20単位／月から60単位／月程度で、少し低いように感じるかもしれません。しかし、この報酬単位は**毎月算定できるため、実は低くありません。**

それに対して、データを提出する頻度は多くの加算では3か月ごとですが、科学的介護推進体制加算では6か月ごとです。1回に換算すると、40単位×6か月で240単位の加算となっています。これまでは1回の報酬単位での算定であったものが、月額に変更されたために低い報酬に見えているだけです。

創設された加算ではLIFEの活用が必須

リハビリテーション・機能訓練、口腔ケア、栄養改善に関連する創設加算の**すべての算定要件に、LIFEへのデータ提出と活用**が組み込まれました。このことから、今後創設される加算でも、LIFEを活用しないと算定できない可能性が高いといえます。

また、既存の加算についても、今後算定要件にLIFEの活用が組み込まれる可能性もあります。現にADL維持等加算等では算定要件となっています。

科学的介護推進体制加算とほかの加算を組み合わせる

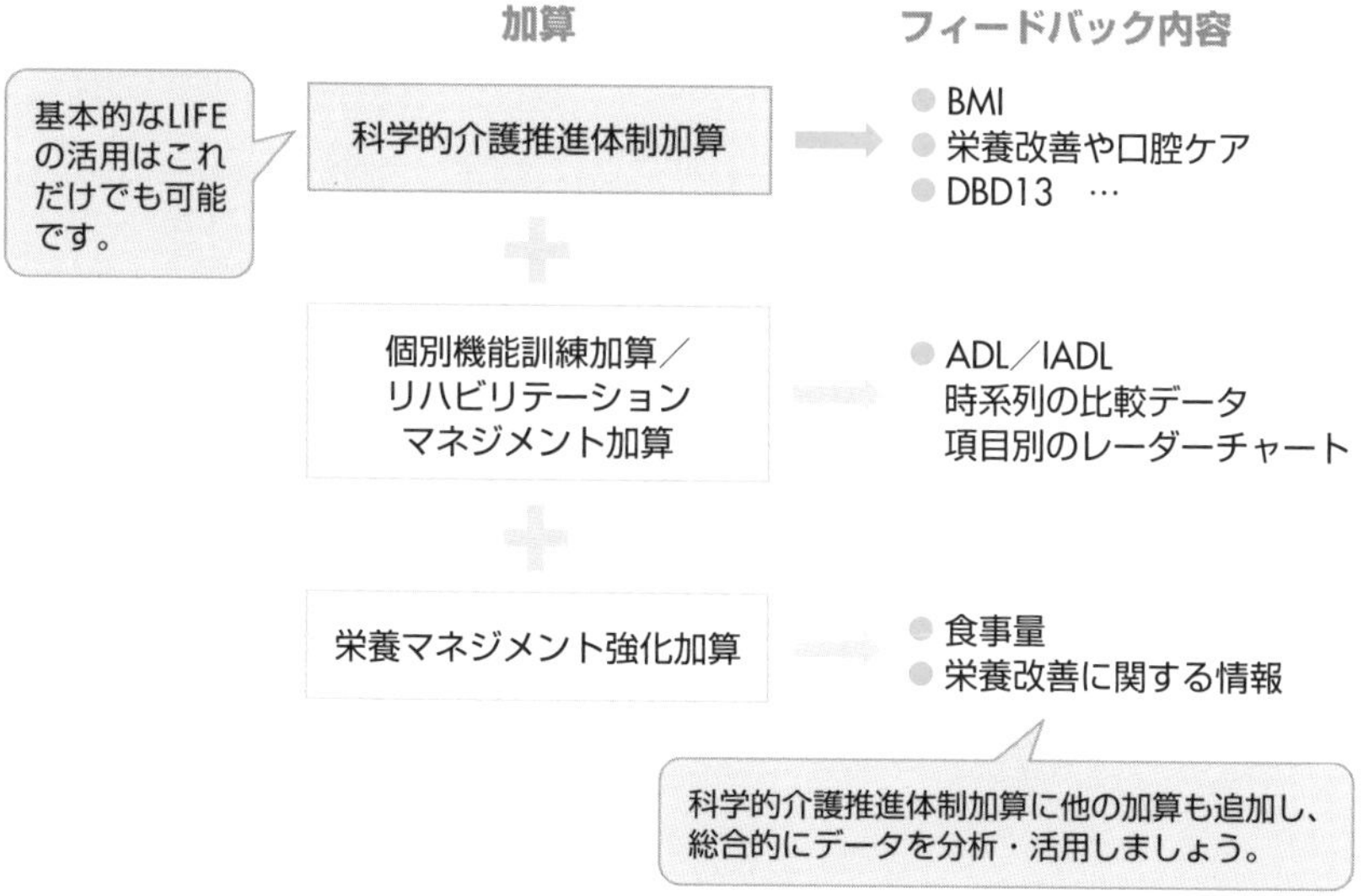

	褥瘡対策指導管理（Ⅱ）※	排せつ支援加算（Ⅰ） 排せつ支援加算（Ⅱ） 排せつ支援加算（Ⅲ）	自立支援促進加算	かかりつけ医連携薬剤調整加算	薬剤管理指導※	栄養マネジメント強化加算	口腔衛生管理加算（Ⅱ）
		○	○			○	○
		○	○			○	○
		○	○	○		○	○
	○	○	○		○	○	○

	褥瘡マネジメント加算（Ⅰ） 褥瘡マネジメント加算（Ⅱ）	排せつ支援加算（Ⅰ） 排せつ支援加算（Ⅱ） 排せつ支援加算（Ⅲ）	栄養アセスメント加算※	口腔機能向上加算（Ⅱ）
			○	○
			○	○
			○	○
	○	○	○	○
			○	○

表内「※のある加算」については、ほかの加算と提出頻度等しか変わらないため、本書では取り上げておりません。算定を検討されている方は、厚生労働省「科学的介護情報システム（LIFE）関連加算に関する基本的考え方並びに事務処理手順及び様式例の提示について」をご覧ください。

(https://www.mhlw.go.jp/content/12404000/000755025.pdf)。

LIFEの活用が算定要件に含まれる加算一覧

	科学的介護推進加算（Ⅰ） 科学的介護推進加算（Ⅱ）	個別機能訓練加算（Ⅱ）	ADL維持等加算（Ⅰ） ADL維持等加算（Ⅱ）	リハビリテーションマネジメント計画書情報加算	※ 理学療法、作業療法及び言語聴覚療法に係る加算	褥瘡マネジメント加算（Ⅰ） 褥瘡マネジメント加算（Ⅱ）
介護老人福祉施設	○	○	○			○
地域密着型介護老人福祉施設入所者生活介護	○	○	○			○
介護老人保健施設	○			○		○
介護医療院	○				○	

	科学的介護推進加算	個別機能訓練加算（Ⅱ）	ADL維持等加算（Ⅰ） ADL維持等加算（Ⅱ）	リハビリテーションマネジメント加算(A)ロ リハビリテーションマネジメント加算(B)ロ
通所介護	○	○	○	
地域密着型通所介護	○	○	○	
認知症対応型通所介護（予防含む）	○	○	○（予防を除く）	
特定施設入居者生活介護（予防含む）	○	○	○（予防を除く）	
地域密着型特定施設入居者生活介護	○	○	○	
認知症対応型共同生活介護（予防を含む）	○			
小規模多機能型居宅介護（予防含む）	○			
看護小規模多機能型居宅介護	○			
通所リハビリテーション（予防含む）	○			○（予防を除く）
訪問リハビリテーション				○（予防を除く）

※「『科学的介護情報システム（LIFE）』の活用等について」（令和3年2月19日）（厚生労働省）（https://www.mhlw.go.jp/content/12301000/000949500.pdf）（2023年2月1日時点）に著者吹き出し等を加筆

12 科学的介護推進体制加算

原則として、事業所の利用者全員に対して算定できます。

算定要件

科学的介護推進体制加算とは、国が運営するデータベース（LIFE等）へのデータ提供と、データベースからのフィードバック票の活用、それに伴うPDCAサイクルの推進等の評価を経て加算されるものです。

事業所は、計画（Plan）、実行（Do）、評価（Check）、改善（Action）のサイクルをまわし、質の高いサービスの提供と、さらなる向上に努めることが重要とされています。そのため、**情報を厚生労働省に提出するだけでは加算の算定対象とはなりません。**

具体的には次のような一連の取り組みが求められており、運営指導にて評価されます。

〈Plan〉利用者の心身の状況等に関する基本的な情報に基づき、適切なサービスを提供するためのサービス計画を作成する。

〈Do〉サービスの提供にあたっては、サービス計画に基づいて、利用者の自立支援や重度化防止につながる介護を実施する。

〈Check〉LIFEへ提出する情報やフィードバック票等を活用し、多職種が共同で自施設・事業所の特性やサービス提供のあり方について検証する。

〈Action〉検証結果に基づき、利用者のサービス計画を適切に見直し、施設・事業所全体でサービスの質のさらなる向上に努める。

情報を提出する頻度

利用者ごとに、次の**①から④までに定める月の翌月10日まで**に、情報を提出する必要があります。情報を提出すべき月に、提出できない事実が生じた場合は、直ちに「**訪問通所サービス通知第1の5の届出**」（介護給付費算定に係る体制等届出書）を提出しなければなりません。また、その事実が生じた月のサービス提供分から、情報の提出が行われた月の前月までの間は、利用者全員について本加算は算定できなくなるため注意が必要です。

①本加算の算定を開始しようとする月においてサービスを利用している利用者については、当該算定を開始しようとする月
②本加算の算定を開始しようとする月の翌月以降にサービスの利用を開始した利用者については、当該サービスの利用を開始した日の属する月
③①または②の月のほか、少なくとも6か月ごと
④サービスの利用を終了する日の属する月

評価日・前回評価日

科学的介護推進体制加算に関する評価項目では、一連の評価を実施した日をＬＩＦＥに登録します。2回目以降の提出の際には、前回評価日をＬＩＦＥに登録しましょう。

LIFEを含めたPDCAサイクルのイメージ

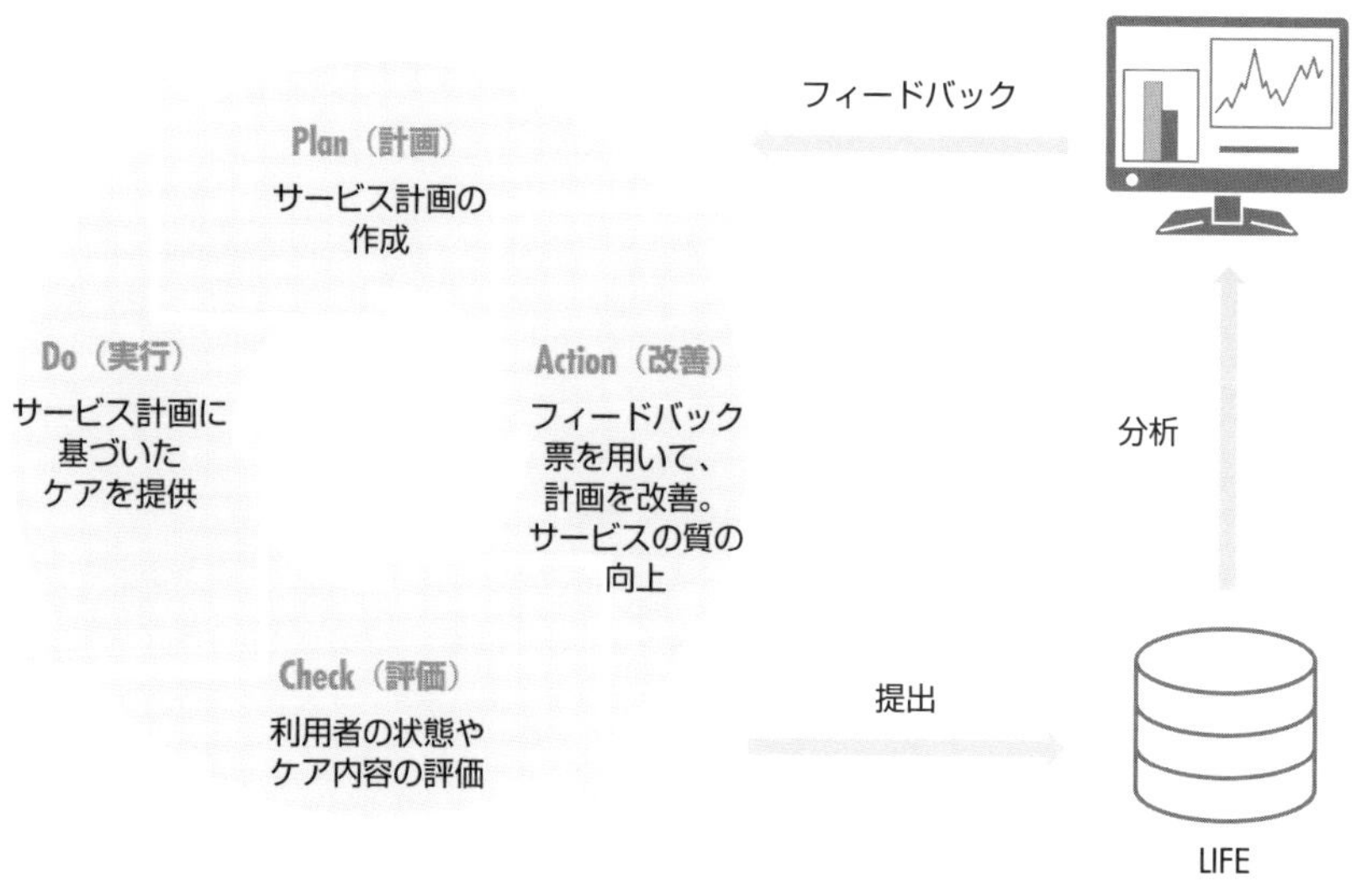

提出できなくても算定要件を満たすことができる場合とは？

やむを得ない場合を除いて、事業所の利用者すべての情報をLIFEに提出する必要があります。「**やむを得ない場合**」とは、例えば通所サービスの利用者で、情報を提出すべき月においてその月の中旬に評価を行う予定だったが、緊急で月初に入院することとなり、その利用者の情報を提出することができなかった場合や、そのほか、データを入力したにもかかわらずシステムトラブルにより提出ができなかった場合等があります。

また、全身状態が急速に悪化した利用者で、必須項目が測定できず一部の情報しか提出できなかった場合等であっても、事業所の利用者全員に加算を算定することは可能です。ただし、情報の提出が困難だった場合は、その**理由を介護記録に明記**しておく必要があります。

障害高齢者の日常生活自立度を判定する際の基準

生活自立	ランクJ	何らかの障害等を有するが、日常生活はほぼ自立しており独力で外出する 1. 交通機関等を利用して外出する 2. 隣近所へなら外出する
準寝たきり	ランクA	屋内での生活は概ね自立しているが、介助なしには外出しない 1. 介助により外出し、日中はほとんどベッドから離れて生活する 2. 外出の頻度が少なく、日中も寝たり起きたりの生活をしている
寝たきり	ランクB	屋内での生活は何らかの介助を要し、日中もベッド上での生活が主体であるが、座位を保つ 1. 車いすに移乗し、食事、排泄はベッドから離れて行う 2. 介助により車いすに移乗する
	ランクC	1日中ベッド上で過ごし、排泄、食事、着替において介助を要する 1. 自力で寝返りをうつ 2. 自力では寝返りもうたない

出典：「『要介護認定における［認定調査票記入の手引き］、［主治医意見書記入の手引き］及び［特定疾病にかかる診断基準］について』の一部改正について」（厚生労働省）（http://www.pref.mie.lg.jp/common/content/000027610.pdf）（2023年2月1日時点）

科学的介護推進体制加算の主な評価方法

■ 障害高齢者の日常生活自立度

評価の対象者について、評価時の様子に該当する日常生活の自立の程度を4段階8区分のなかから選びます。全く障害等を有しない者については「自立」とします。**評価は、施設職員が行って構いません**。また、評価をする際は「～をすることができる」といった「能力」の評価ではなく**「状態」（特に「移動」）に着目しましょう**。なお、何ら障害を持たない、いわゆる健常高齢者は対象としません。

■ 既往歴

初回登録時は、現病歴および主な既往歴をLIFEに登録します。**2回目以降は、前回の評価時から変化があった場合のみ**データを登録します。病名は、診療情報提供書等に記載された情報や、本人・家族からのヒアリング、ケアマネジャーから得た情報でデータ登録をします。入院等があった場合には、医療機関やケアマネジャーと連携して病名を把握しましょう。

■ 同居にかかわらず家族等が介護できる時間

利用者・家族・ケアマネジャー等から情報を得て、同居家族の有無および同居にかかわらず家族等が介護できる時間を選び、データ登録します。施設サービスの場合は、**利用者が自宅に戻った場合に想定される「家族等が介護できる時間」**を入力します。

■ 食事摂取量

食事全体・主食・副食のそれぞれにおいて**「直近3日間に提供した食事をどれくらい（何％）食べたか」**を「摂取率」として評価します。直近3日間の食事のなかで、通院時の検査等による**意図しない欠食があった場合は除外**します。ただし、**体調不良等の理由で欠食があった場合は加味**してください。体重や食事摂取量の低下が認められる場合は、管理栄養士もしくは栄養士に相談し、摂取栄養量を確認しましょう。

口腔・栄養

身長（　　cm）	体重（　　kg）	低栄養状態のリスクレベル □低　□中　□高

栄養補給法
・栄養補給法 □経腸栄養法　□静脈栄養法
・経口摂取　□完全　□一部
・嚥下調整食の必要性 □なし　□あり
・食事形態　□常食　□嚥下調整食（コード　□4　□3　□2-2　□2-1　□1j　□0t　□0j）
・とろみ　□薄い　□中間　□濃い

食事形態：94ページ

食事摂取量 全体（　　%）　主食（　　%）　副食（　　%）

必要栄養量 エネルギー（　kcal）たんぱく質（　g）｜提供栄養量 エネルギー（　kcal）たんぱく質（　g）

血清アルブミン値 □なし　□あり（　(g/dl)）｜褥瘡の有無〔任意項目〕 □なし　□あり

口腔の健康状態
・歯・入れ歯が汚れている　□はい　□いいえ
・歯が少ないのに入れ歯を使っていない　□はい　□いいえ
・むせやすい　□はい　□いいえ

誤嚥性肺炎の発症・既往（※）□なし　□あり（発症日：　年　月　日）（発症日：　年　月　日）

※初回の入力時には誤嚥性肺炎の既往、二回目以降の入力時は前回の評価後の誤嚥性肺炎の発症について記載

認知症

認知症の診断
□なし　□あり（診断日　年　月　日：□アルツハイマー病　□血管性認知症　□レビー小体病　□その他（　））

DBD13（認知症の診断または疑いのある場合に記載）

	まったくない	ほとんどない	ときどきある	よくある	常にある
・日常的な物事に関心を示さない	□	□	□	□	□
・特別な事情がないのに夜中起き出す	□	□	□	□	□
・特別な根拠もないのに人に言いがかりをつける	□	□	□	□	□
・やたらに歩きまわる	□	□	□	□	□
・同じ動作をいつまでも繰り返す	□	□	□	□	□
〔以下、任意項目〕					
・同じ事を何度も何度も聞く	□	□	□	□	□
・よく物をなくしたり、置き場所を間違えたり、隠したりする	□	□	□	□	□
・昼間、寝てばかりいる	□	□	□	□	□
・口汚くののしる	□	□	□	□	□
・場違いあるいは季節に合わない不適切な服装をする	□	□	□	□	□
・世話をされるのを拒否する	□	□	□	□	□
・物を貯め込む	□	□	□	□	□
・引き出しや箪笥の中身をみんな出してしまう	□	□	□	□	□

・DBD13：88ページ
・Vitality Index：90ページ

Vitality Index
・意思疎通　□自分から挨拶する、話し掛ける　□挨拶、呼びかけに対して返答や笑顔が見られる　□反応がない

〔以下、任意項目〕
・起床　□いつも定時に起床している　□起こさないと起床しないことがある　□自分から起床することはない
・食事　□自分から進んで食べようとする　□促されると食べようとする
□食事に関心がない、全く食べようとしない
・排せつ　□いつも自ら便意尿意を伝える、あるいは自分で排尿、排便を行う　□時々、尿意便意を伝える
□排せつに全く関心がない
・リハビリ・活動　□自らリハビリに向かう、活動を求める　□促されて向かう　□拒否、無関心

（注）任意項目との記載のない項目は必須項目とする

※「科学的介護情報システム（LIFE）関連加算に関する基本的考え方並びに事務処理手順及び様式例の提示について」別紙様式2（厚生労働省）（https://www.mhlw.go.jp/stf/seisakunitsuite/bunya/0000188411_00034.html）と「ケアの質の向上に向けた科学的介護情報システム（LIFE）利活用の手引き」（厚生労働省）（https://www.mhlw.go.jp/content/12301000/000962109.pdf）をもとに著者作成

科学的介護推進体制加算で提出する情報（例：施設サービス）

こちらの様式は、あくまでLIFEへ登録・提出する項目をイメージしやすいように、掲載しています。
LIFEを活用する際、様式に記入する必要はありません。

囲みの部分が「LIFEへ提出する際に必要な項目」になります。

科学的介護推進に関する評価（施設サービス）

評価日　令和　年　月　日
前回評価日　令和　年　月　日
記入者名

氏名　　　　殿

障害高齢者の日常生活自立度：自立、J1、J2、A1、A2、B1、B2、C1、C2
認知症高齢者の日常生活自立度：自立、Ⅰ、Ⅱa、Ⅱb、Ⅲa、Ⅲb、Ⅳ、M

基本情報	保険者番号	生年月日　明・大・昭・平　年　月　日
	被保険者番号	
	事業所番号	性別　□男　□女

総論

既往歴〔前回の評価時より変化のあった場合は記載〕〔科学的介護推進体制加算（Ⅰ）では任意項目〕

服薬情報〔科学的介護推進体制加算（Ⅰ）では任意項目〕
1.薬剤名（　　　）（　/日）（処方期間　年　月　日～　年　月　日）
2.薬剤名（　　　）（　/日）（処方期間　年　月　日～　年　月　日）
・
・
・

〔科学的介護推進体制加算（Ⅰ）では任意項目〕
同居家族等　□なし　□あり（□配偶者　□子　□その他）（複数選択可）
家族等が介護できる時間　□ほとんど終日　□半日程度　□2～3時間程度　□必要な時に手をかす程度　□その他

ADL	自立	一部介助	全介助
・食事	□10	□5	□0
・椅子とベッド間の移乗	□15	□10 ←（監視下）	
（座れるが移れない）→		□5	□0
・整容	□5	□0	□0
・トイレ動作	□10	□5	□0
・入浴	□5	□0	□0
・平地歩行	□15	□10 ←（歩行器等）	
（車椅子操作が可能）→		□5	□0
・階段昇降	□10	□5	□0
・更衣	□10	□5	□0
・排便コントロール	□10	□5	□0
・排尿コントロール	□10	□5	□0

ADL：86ページ

在宅復帰の有無等〔任意項目〕
□入所/サービス継続中
□中止（中止日：　　）
□居宅（※）□介護老人福祉施設入所　□介護老人保健施設入所　□介護医療院入所　□介護療養型医療施設入院
□医療機関入院　□死亡　□その他

※居宅サービスを利用する場合（介護サービスを利用しなくなった場合は、その他にチェック）

13 個別機能訓練加算Ⅱ

従来の個別機能訓練加算の要件に、LIFEの活用を追加してできた加算です。

情報を提出する頻度

加算を算定する利用者ごとに、**サービスを提供する月の翌月10日まで**にデータを提出します。少なくとも、3か月に1回は提出しなければなりません。そのほか、新規の利用者に対し加算を算定する場合は、個別機能訓練計画書を作成した月、また、既存の利用者で個別機能訓練計画書の変更を行った場合は、その日の属する月にもLIFEにデータを提供します。LIFEにデータを提供しフィードバック票をもらったら、それをきちんと活用しなければなりません。また、将来の運営指導に備えて、記録しておきましょう。

提出する情報の内容

個別機能訓練計画書を新規で作成、または変更した場合は、その計画書の作成、または変更時点における情報を提出します。また、**3か月に1回提出する情報**については、前回から計画書の内容に変更がなければ、前回提出したものと同じ情報を提出します。3か月ごとに計画書を作成することを求められているわけではありません。

提出必須の様式と任意の様式

個別機能訓練加算Ⅱで提出が求められる様式は①興味・関心チェックシート、②生活機能チェックシート、③個別機能訓練計画書の3点です。このうち①の提出は任意ですが、**②③の提出は必須です。**任意となると提出すべきか悩ましいですが、可能であれば提出するようにしましょう。なぜなら、任意の様式を提出することで、そのデータを含めたフィードバック票が提供されるため、さらに有効的に情報を活用できるようになるからです。

〈提出必須〉生活機能チェックシート

ＡＤＬとＩＡＤＬの評価は、利用者の現時点の状況を踏まえて評価します。利用者ごとのＡＤＬのレベルは、Barthel Index（以降BI）の方法を参考に評価します（86ページ）。各項目について課題がある場合は課題「有」、ない場合は課題「無」の選択となります。ＩＡＤＬおよび起居動作は、「している」動作（普段の生活で行っている動作）をもとに評価します。

〈提出必須〉個別機能訓練計画書

個別機能訓練の目標には、短期目標（今後３か月）と長期目標を入力します。また、目標達成度を「達成・一部・未達」から選択しましょう（初回作成時は選択不要）。なお、個別機能訓練の目標は、コード表を用いて入力します（68ページ）。コード表は「ケアの質の向上に向けた科学的介護情報システム（ＬＩＦＥ）利活用の手引き」の25ページにまとめられています。

個別機能訓練加算の主な内容

単位数

- 個別機能訓練加算（Ｉ）イ　56単位／日
- 個別機能訓練加算（Ｉ）ロ　85単位／日　※イとロは併算定不可
- 個別機能訓練加算（Ⅱ）　20単位／月　※加算（Ｉ）に上乗せして算定

算定要件等
※一部抜粋

〈ニーズ把握・情報収集〉

通所介護・地域密着型通所介護事業所の機能訓練指導員等が、利用者の居宅を訪問し、ニーズを把握するとともに、居宅での生活状況を確認

〈機能訓練指導員の配置〉

（Ｉ）イ：専従１名以上配置　（配置時間の定めなし）
（Ｉ）ロ：専従１名以上配置　（サービス提供時間帯通じて配置）

※人員欠如減算・定員超過減算を算定している場合は、個別機能訓練加算を算定しない。
※イは運営基準上配置を求めている機能訓練指導員により満たすこととして差し支えない。ロはイに加えて専従で１名以上配置する。

〈進捗状況の評価〉

３か月に１回以上実施し、利用者の居宅を訪問した上で、居宅での生活状況を確認するとともに、当該利用者又はその家族に対して個別機能訓練計画の進捗状況等を説明し、必要に応じて個別機能訓練計画の見直し等を行う

出典：「令和３年度介護報酬改定における改定事項について」（厚生労働省）（https://www.mhlw.go.jp/content/12404000/000768899.pdf）（2023年２月15日時点）

事例

「活動」と「参加」を促進するような個別機能訓練計画を作成する

個別機能訓練計画は、利用者一人ひとりの活動や参加に関する意向を反映したものにしましょう。

株式会社楓の風
代表取締役
小室貴之

個別機能訓練計画に求められるもの

通所介護の個別機能訓練計画では「心身機能」の維持・向上以外に**「活動」と「参加」の促進**にも着目するよう求められています。足腰の機能を改善する等、心身機能の目標はイメージしやすいと思いますが「活動」と「参加」の目標を考えるのは難しい方もいるかもしれません。まずは「活動」「参加」とは何かを整理してみます。

偏りをなくすための基準となるSIOS

私たちは、膨大なICF（国際生活機能分類）コードのなかから、日本の高齢者によく見られる一般的な「活動」と「参加」を絞り込んだ、SIOS（サイオス）というアウトカム指標を開発しました。

SIOSでは、ICFコードを活用しながら「活動」を**「移動範囲・セルフケア・家事・運動習慣」**に、「参加」を**「家庭内での役割・社会参加」**に整理しました。利用者にICFコードに紐づいた設問について尋ねながら、その状況を利用者本人がどう受け止めているのか、アンケート形式で問います。こういった流れで進めることで、利用者の意向や希望、目標のきっかけ等を引き出すことができます。「活動」と「参加」の意向を引き出す設問と、それに紐づくICFコードは次のとおりです。SIOSは無料で配布しています。SIOSを利用すれば、専門性や経験による視点の偏りがなくなり、ICFコードに準拠した個別機能訓練計画の策定が実現すると思います。

「活動」に関する設問とICFコード

ここ1か月以内の状態で判断します。

移動範囲		
1. 該当するものすべてに印をつけてください。介護者や同伴者の有無は問いません。		ICFコード
□	自宅から一番近い店に買い物にでかけられる	d6200
□	自家用車に同上、またはタクシーで市区町村の外まで出かけられる	d470
□	バスや電車で市区町村の外まで出かけられる	d470
□	鉄道や飛行機で遠方まで出かけられる（乗車・搭乗1時間以上）	d470
□	自分で自転車、または自動車を運転して移動できる	d4750
利用者の意向		

セルフケア		
2. 該当するものすべてに印をつけてください。		ICFコード
□	ひとりで入浴またはシャワー浴ができる	d510
□	ひとりで歯磨きと手足の爪切りの両方ができる	d520
□	ひとりでトイレを済ますことができる	d530
□	ひとりで着替えができる	d540
□	ひとりで食べ物が食べられる	d550
□	ひとりで健康診断や予防接種が受けられる	d570
利用者の意向		

家事			
3. 以下の1）から5）の質問で、3つの中から該当するもの一つに印をつけてください。 （自分でするほうが多い場合は「いつも」、週に数回程なら「たまに」を選びます）			ICFコード
1）	自分で調理をしていますか？	□いつも □たまに □しない	d630
2）	自分で調理の材料を入手していますか？	□いつも □たまに □しない	d6200
3）	自分で衣服の洗濯と乾燥をしていますか？	□いつも □たまに □しない	d640
4）	自分で家の掃除をしていますか？	□いつも □たまに □しない	d640
5）	自分で生活ごみを捨てていますか？	□いつも □たまに □しない	d640
利用者の意向			

運動習慣		
4. 該当するものすべてに印をつけてください。		ICFコード
□	健康のために、より多く歩くように心がけている	d450
□	健康のために、歩く以外の自主的な運動をしている	d570
□	歩く以外の自主的運動は、週2回以上の頻度で行っている	d570
□	歩く以外の自主的運動は、6か月以上継続している	d570
利用者の意向		

※各項目の質問をしながら、利用者の意向や希望を引き出し備考欄に記録していきましょう。
※利用者の意向を出発点に、身体機能評価の情報とあわせて、多職種で協議しながら目標（候補）を検討しましょう。

「娘の負担を軽減したい」という希望から

利用者AさんにSIOSの「移動範囲（活動）」について質問したところ「娘が週に1回近所のショッピングセンターに連れて行ってくれる。娘の負担を軽くするためにも、買い物ぐらいは1人で行けるようになりたい」という回答（意向）が返ってきました。

機能訓練指導員の身体機能評価より「Aさんは、訓練と福祉用具の活用でこれらの目標を達成することが可能である」と判断できたので、買い物自立に向けた支援を開始しました。そして、Aさんは近所のコンビニまで自力で行けるようになりました。

多くの利用者が、Aさんのように「家族に迷惑をかけている」という負い目を感じながら生活をしています。私たちは日常生活における様々な自立を目指して支援していきますが、**目標を達成することで利用者の負い目を払拭できるとよい**なと思います。

「家庭内での役割」を持てたことで…

ある日、1人暮らしのBさんにSIOSの「家庭内での役割（参加）」について質問をしたところ「ほとんど何もできておらず、家族等の世話になりっぱなしで情けない」と回答されました。この「情けない」気持ちの払拭を目指し、支援を考えてみました。

身体機能評価より「身体機能の大きな改善回復は望めないが、工夫次第では（生活相談員から共有のあった娘さんの悩みを解消する方法の1つでもある）お孫さんの面倒を見ることはできるかも」という可能性が出てきました。そこで、Bさんに「目標：孫の面倒を見ること」を提案したところ「それが実現するならありがたい」とのことだったので早速支援を始めました。

ＩＣＦにおける「環境因子」では、障害をもつBさんに配慮し、居間の片付け・手すりの位置の見直し等を行いました。また「個人因子」では、Bさんの残存機能を参考に「家のなかだけであれば、お孫さんの面倒を見ることは問題ない」と娘さんへお伝えしました。その結果、娘さんは空いた時間で習い事に通えるようになり、Bさんからは「娘の役に立ててうれしい」「自分でできることには挑戦したい」という感想をもらえました。病気や障害があっても**自分らしく生きること**

「参加」に関する設問とICFコード

以下項目のうち、今できているものをチェックしてください。一部だけ実施、または介護を受けて実施可。ここ1か月以内の状態で判断します。

設問	ICFコード	内容
家庭内での役割		
□ 家庭用品の使用と管理 (例) アイロンがけ、靴手入れ、季節の衣替え・寝具替え、冷暖房器具出し入れ、節句用品出し入れ、不要品・粗大ごみの廃棄、自転車・自動車の手入れ	d650	家庭用品の管理
□ 住居の手入れする（業者依頼含む） (例) 壁床手入れ・補修、雨戸網戸の清掃・補修、浴室の防カビ、押入れ通風、排水管清掃、害虫駆除、屋根・外壁・塀・雨どいの補修、除雪	d650	住居と家具の手入れ
□ 庭や植物の手入れ（業者依頼も含む） (例) 植木に水・肥料を与える、雑草取り、植木の剪定、自家用野菜・花の栽培、落葉清掃	d6505	屋内外の植物の手入れ
□ 日常品の貯蔵 (例) 漬け物などの保存食を作る、災害用品を備蓄する、灯油を備蓄する	d6404	日常必需品の貯蔵
□ 家計・財産の管理 (例) 収入の維持管理、預金・貯金出し入れ、請求の支払い	d640	基本的な経済的取引き
□ 家族・親族の介護（出向いて行う場合も含む）	d660	他者への援助
□ 育児、子供やペットの世話（出向いて行う場合も含む）	d660	他者への援助
□ 訪問者や電話への対応	d740	公的な関係
□ ご近所づきあい	d750	非公式な社会的関係
□ 家族・親族の相談相手	d760	家族関係
□ 神棚・仏壇の管理	d930	宗教とスピリチュアリティ
□ 墓参り・法要の準備 （直近の機会にできて、今もできると思える場合も含む）	d930	宗教とスピリチュアリティ
社会参加		
□ ① 報酬を伴う仕事（家業の手伝いを含む）	d850	報酬を伴う仕事
□ ② 報酬のない奉仕活動 (例) 清掃・防災・防犯活動、交通安全活動、幼児健全育成に関する活動、障害者・高齢者福祉活動	d910	地域生活
□ ③ 地域行事、敬老会、シニアクラブへの参加（直近の機会で判断）	d910	地域生活
□ ④ 町内会・自治会・住民管理組合などの団体活動	d910	地域生活
□ ⑤ 結婚式・葬儀・入学式・卒業式・同窓会への参加（直近の機会で判断）	d910	地域生活
□ ⑥ 市民講座・各種講演会・カルチャーセンターでの学習活動	d910	地域生活
□ ⑦ 市区町村による介護予防・趣味活動など地域活動・集いの場への参加	d740	公的な関係
□ ⑧ 友人・知人を訪問、親族・友人と旅行	d920	レクリエーションとレジャー
□ ⑨ スポーツ・運動（⑦以外で、散歩や屋外でのラジオ体操など外出を伴うもの）	d920	レクリエーションとレジャー
□ ⑩ 芸術・文化・趣味に関する余暇活動（⑦以外で、外出を伴うもの）	d920	レクリエーションとレジャー
□ ⑪ 宗教関係の活動（神社仏閣参り、教会礼拝など）	d930	宗教とスピリチュアリティ
□ ⑫ 選挙権の行使（直近の機会で判断）	d740	公的な関係
□ ⑬ ネット等の通信手段で人や社会とかかわる活動、オンラインでの運動、芸術、文化、趣味活動	d910	コミュニティライフ

は「役割等を通じて主体性を発揮すること」といえる

と思います。

14 ADL維持等加算

科学的介護推進体制加算との併算定がおすすめです。利用者ごとに、評価した月の分を提出しましょう。

算定要件

ADLは、一定の研修を受けた者がBIを用いて評価し、評価した結果をLIFEから提出します。LIFEへのデータ提出とフィードバック票の活用・PDCAサイクルの推進とケアの向上を図ることが、算定要件です。なお、計画期間の途中でサービスを利用していない月があっても、その月を除いて**6か月以上利用していれば評価対象者**に含まれます。情報を提出すべき月に情報の提出を行えなかった場合は、直ちに「訪問通所サービス通知第1の5の届出」を提出しましょう。

情報を提出する頻度・内容

利用者ごとに、評価対象者がサービスの利用を開始した月および評価対象者がサービスの利用を開始した月の翌月から起算して**6か月目の月の翌月10日まで**に情報を提出します。施設等における利用者全員について、ADL値（担当者が評価した点数）をやむを得ない場合を除き、提出します。ただし、評価対象利用開始月の翌月から起算して6か月目にサービスの利用がない場合は、サービスの利用があった最終月の情報を提出します。LIFEにBIの評価値を提出する場合は、項目ごとの値を提出する必要があります。なお、**様式は特に定められていません。**

BIを用いて評価するには研修が必要（資格は不問）

ADLの評価を行うには一定の研修が必要です。ここでの研修とは、様々な団体が実施している研修への参加や、厚生労働省が作成したBIに関するマニュアル・動画等を用いて、BIの測定方法を学習することをいいます。事業所等はBIを用いて評価を行う者を、外部・

内部の**理学療法士・作業療法士・言語聴覚士から指導を受けられる研修に定期的に参加**させ、その参加履歴を管理しましょう。また、これまでBIを用いた評価を実施したことがない者が初めて評価を行う場合は、**理学療法士等の同席の下で実施する**等の対応が必要になるため注意しましょう。

ＡＤＬ維持等加算は算定すべき

ＡＤＬ維持等加算の算定を躊躇する理由に、ＡＤＬの評価を行う者がBIを用いて評価するのを不安に思ったり、ＡＤＬ利得の計算についての理解が不足していたりすることがあります。しかし、科学的介護推進体制加算を算定する場合、BIでのＡＤＬ評価は必須となるため、評価に不安がある場合は厚生労働省が提供している研修動画等を見てみましょう。また、両加算を算定してみるとよいと思います。ＡＤＬ利得値（所定の要件から上位と下位の数値をカットし、評価しなおした数字）はＬＩＦＥに提出したデータから算出されます。算定の可否は、ＬＩＦＥのトップ画面「ＡＤＬ維持等加算算定」から確認しましょう。

ADL維持等加算で使える便利な計算ツール・解説動画

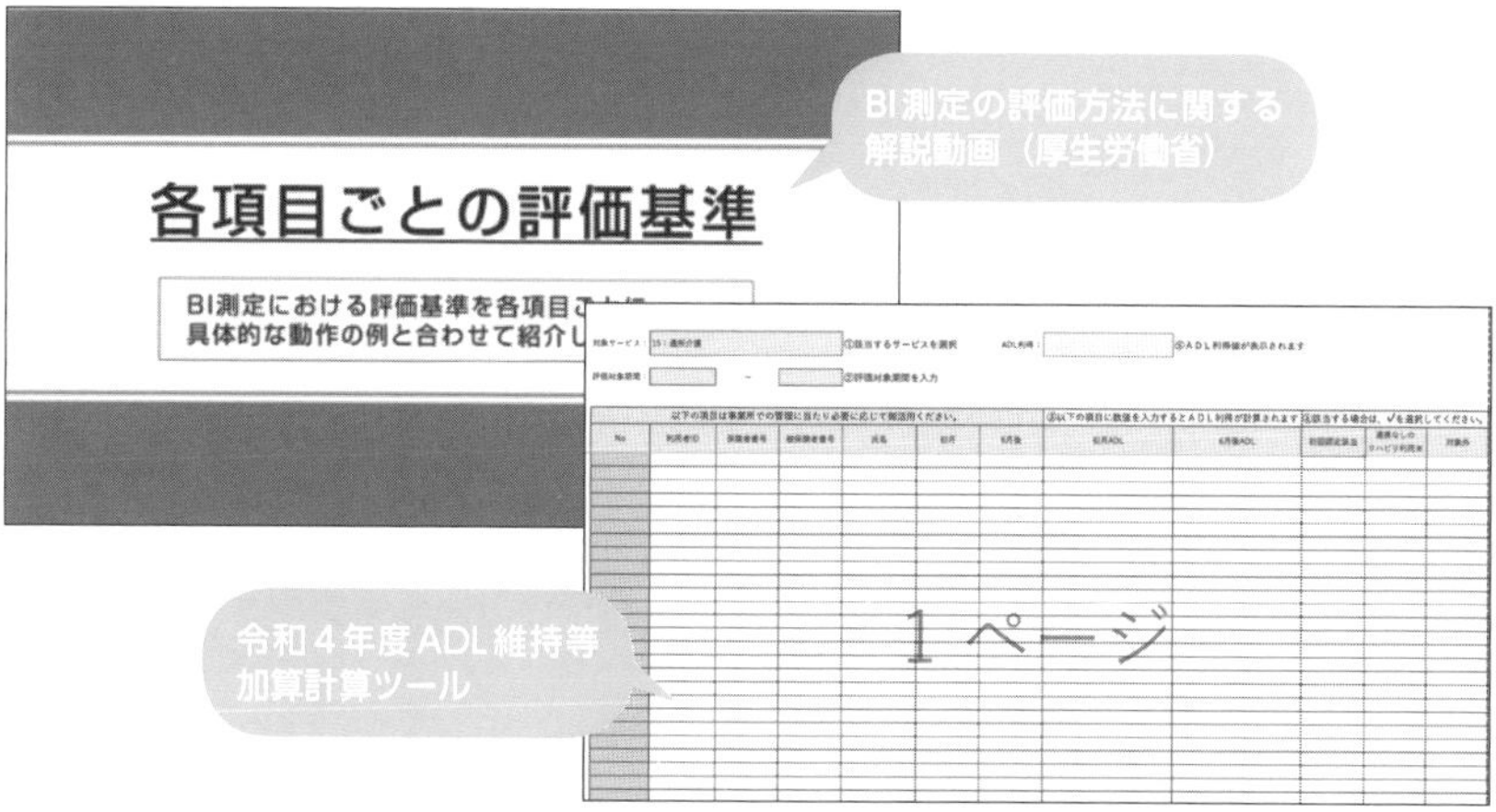

上出典：「バーセルインデックス（BI）の評価方法について」（厚生労働省）（https://www.youtube.com/watch?v=d4Sb83VgxPA）（2023年２月１日時点）
下出典：「令和４年度ADL維持等加算計算ツール」（https://life.mhlw.go.jp/configs/%E4%BB%A4%E5%92%8C4%E5%B9%B4%E5%BA%A6ADL%E7%B6%AD%E6%8C%81%E7%AD%89%E5%8A%A0%E7%AE%97%E8%A8%88%E7%AE%97%E3%83%84%E3%83%BC%E3%83%AB.xlsx）

15 リハビリテーションマネジメント加算

ここではLIFEに関連してくる「ロ区分」のみを解説しています。

算定要件・情報を提出する頻度

データの提出頻度は、個別機能訓練加算Ⅱと同じです。また、他の加算同様にPDCAサイクルをまわすことが算定要件の1つです。

提出必須の様式と任意の様式

本加算のロ区分で提出が求められる様式は、①興味・関心チェックシート、②リハビリテーション計画書、③リハビリテーション会議録、④リハビリテーションマネジメントにおけるプロセス管理票、⑤生活行為向上リハビリテーション実施計画書の5つです。このうち**提出が必須なのは②のみ**であり、他は任意です。また、LIFEへの入力負担を軽減し、フィードバック票に必要なデータを優先的に収集するために、**②の項目内にも必須と任意の項目**があります。任意様式・項目を提出することでフィードバック内容がさらに充実し、より有効的な分析・検討が可能となりますので、余裕があれば任意様式・項目も提出しましょう。

イ区分とロ区分の違い

〈算定要件〉　イ区分

(1) 医師による指示
(2) 他事業所との情報連携
(3) リハビリテーション会議の開催
(利用者の状況等を構成員と共有)
(4) PT、OTまたは、STが
利用者等に説明・同意＋医師へ報告
(5) 医師が利用者等に説明・同意
(6) 進捗を定期的に評価し、見直す

＋

(7) LIFEへ情報を提出し、
FB内容を活用

ロ区分

提出する情報の内容（一部抜粋）

目標設定等支援・管理シート：□あり　□なし　　日常生活自　……B2、C1、C2　　認知症高齢者の日常生活自立度判定基準：自立

■心身機能・構造

項目	現在の状況	活動への支	
筋力低下	あり	あり	
麻痺	あり	あり	
感覚機能障害	あり	あり	
関節可動域制限	あり	あり	
摂食嚥下障害	あり	あり	
失語症・構音障害	あり	あり	
見当識障害	あり	あり	
記憶障害	あり	あり	
高次脳機能障害 ()	あり		
栄養障害			
褥瘡			
疼痛			
精神行動障害（BPSD）			
□6分間歩行試験 □TUG Test			
服薬管理			
□MMSE　□HDS-R			
コミュニケーションの状況			

現在の状況・活動へ支障がある場合は選択。マーカー4項目には評価した値を入力

■活動（基本動作）

項目	リハビリ開始時点	現在の状況	
寝返り	自立		
起き上がり	自立	自立	
座位保持	自立	自立	
立ち上がり	自立	自立	
立位保持	自立	自立	

「している」動作をもとに、該当する項目を「自立・見守り・一部介助・全介助」から選択

■活動（ADL）（※「している」状況について記載する）

項目	リハビリ開始時点	現	
食事	10（自立）		
ベッド間の移乗	15（自立）		
整容	5（自立）		
レ動作	10（自立）		
入浴	5（自立）		
地歩行	15（自立）		
段昇降	10（自立）	10	
更衣	10（自立）	10（自立）	
コントロール	10（自立）	10（自立）	
排尿コントロール	10（自立）	10（自立）	
合計点			

それぞれの時点において「している」状況を評価。各ADLのレベルは、BIの測定方法を参考に評価する

短期目標（今後3か月）と長期目標を入力。留意事項・リハビリテーションの目標については、コード表を用いて入力

■リハビリテーションの短期目標（今後3ヶ月）

（心身機能）

（活動）

■リハビリテーションの長期目標

（心身機能）

（活動）

■環境因子（※課題ありの場合□　現状と将来の見込みについて記載する）

	課題	状況	
家族	□	□独居　□同居（　）	
福祉用具等	□	□杖 □装具 □歩行器 □車いす □手すり □ベッド □ポータブルトイレ その他（　）	□調整済 □未調整
住環境	□	□一戸建 □集合住宅：居住階（　階） □階段 □エレベータ □玄関前の段差 □手すり（設置場所：　） 食卓：□座卓 □テーブル・いす トイレ：□洋式 □和式 □ポータブルトイレ その他（　）	□調整済 □改修中 □未調整
自宅周辺	□		
交通機関の利用	□	□無　□有（	
サービスの利用	□		
その他	□		

各項目について、該当する項目を選択

■社会参加の状況（過去実施していたものと現状について記載する）

家庭内の役割の内容

余暇活動（内容および頻度）

社会地域活動（内容およ

リハビリテーション終了後

社会参加の状況については、興味関心チェックシートの項目に基づくコード表を用いて入力

■活動（IADL）

アセスメント項目	リハ開始時	現状	特記事項	評価内容の記載方法
食事の用意				0：していない 1：まれにしている 2：週に1〜2回 3：週に3回以上
食事の片付け				
洗濯				
掃除や整頓				
力仕事				
買物				):していない まれにしている 週に1回未満 週に1回以上
外出				
屋外歩行				
趣味				
交通手段の利用				
旅行				
庭仕事				0：していない 1：時々 2：定期的にしている 3：植替等もしている
家や車の手入れ				0：していない 1：電球の取替、ねじ止めなど
読書				
仕事				
合計点数				

利用者の現時点の「している」動作を踏まえて評価する

■活動と参加に影響を及ぼす課題の要因分析

■活動と参加において重要性の高い課題

■活動と参加に影響を及ぼす機能障害の課題

■活動と参加に影響を及ぼす機能障害以外の要因

リハビリテーションの目標（解決すべき課題）、期間、具体的支援内容等を項目別に入力。具体的支援内容については、コード表を用いて記載

■リハビリテーションサービス

□訪問・通所頻度（　）□利用時間（　）　□送迎なし

No.	目標（解決すべき課題）	期間	担当職種	具体的支援内容　（何を目的に（〜のために）〜をする）	頻度	時間

※「リハビリテーション・個別機能訓練、栄養管理及び口腔管理の実施に関する基本的な考え方並びに事務処理手順及び様式例の提示について」別紙様式1（厚生労働省）（(https://www.mhlw.go.jp/stf/seisakunitsuite/bunya/0000188411_00034.html)）をもとに著者作成

事例

LIFEの支援コードを活用して リハビリテーション計画等を作成

LIFEから提供されている支援コードは、個別機能訓練計画やリハビリテーション計画で活用できます。

株式会社楓の風
代表取締役
小室貴之

支援コードの選択に苦戦している

通常、個別機能訓練計画等の作成は「利用者の目標を決める→プログラム（訓練内容）を検討する→LIFEの支援コードに当てはめる」という流れで進めていると思います。ただし、プログラムを支援コードに当てはめることが難しく、深く考えずにコードを選択したり、挫折したりする人も多いでしょう。

そこで、ここでは「**利用者の目標を決める→LIFEの支援コードを用いてプログラム（訓練内容）を検討する**」方法を解説します。この方法を用いると、支援コードの選択に苦戦している状態を改善することができます。

当社ではアプリ「S-プランナー」※を使用し支援コード選択を自動化しているのですが、このようなアプリを使わない方もいらっしゃると思います。そのような方は、このあとの解説を参考にしてみてください。

支援コードから訓練内容を考えてみる

LIFEの支援コードは1番〜14番が心身機能の支援、15番〜24番が動作習得のADL関連の支援、25番〜35番がIADLの支援、36番〜53番は環境調整等の支援となっています。

事例

例えば「近所のコンビニまで買い物にいけるようになる」という目標をもつAさん（利用者）の具体的なプログラムを考えてみましょう。まず居宅を訪問し、

※ICFを活用して、個別機能訓練計画書を半自動で作成し、LIFEへ提供するICFコードやLIFE支援コードを自動で選別する自社開発のシステム。

実際に玄関からコンビニまでのルートを検討します。「Aさんの歩行に支障が出るような段差はないか」「Aさんが歩いて行ける距離か」「使用すべき杖や歩行器・シルバーカーはなにか」等です。また、コンビニに着いた後「かごをもって店内を歩けるか」「商品は手にとれるか」「清算後、商品を袋に詰めることはできるか」といった課題も検討します。

このように**目標達成のために必要な行為の細分化を行った後に課題と対策（機能訓練や環境調整）を検討**しましょう。その際に活用できるのがLIFEの支援コードです。

不安定な歩行状態を改善する必要があれば、支援コード5番の「筋緊張緩和訓練」や3番の「関節可動域訓練」等が使えそうです。また、支援コード38番の「買い物練習」から、買い物動作演習プログラムを考えてもよいでしょう。

中重度者への援助にも使える

支援コードのよいところは、ICFの環境因子への働きかけにつながる内容なことです。例えば、支援コード51番の「環境調整」から「手すりの設置・家具の配置変更・福祉用具の導入」等の物理的環境の調整について助言・指導することができます。また「家族への助言や近所の方の手助けを得る」等の人的環境の調整について助言・指導できるかもしれません。このように、身体機能の回復に頼らずに**環境調整で目標を達成する可能性**が見えてきます。

身体機能の回復が望めない・運動を好まない利用者にも

運動や訓練が好きな利用者ばかりではありません。また、訓練しても身体機能の回復が望めない方も多いでしょう。

LIFEの支援コードを活用すると、**運動や訓練に偏らない援助が可能**となり、こういった利用者が多い施設でも多様なプログラムを提供することができるようになります。

16 褥瘡マネジメント加算

褥瘡マネジメント加算区分Ⅰの算定要件を満たした施設が「区分Ⅱ（LIFE関連）」の対象です。

算定要件

アウトカム（褥瘡の予防等の成果）を評価する区分Ⅱの算定では⑴**区分Ⅰの算定要件を満たす**施設において、⑵**施設入所時に褥瘡が発生するリスクがある**とされた入所者が対象となります。この対象者に対して、⑶**施設入所日の属する月の翌月以降に**褥瘡リスクの評価を実施し、⑷**「持続する発赤（d1）」以上の褥瘡の発症がない場合**に算定できます。

施設入所時に褥瘡があった入所者については、褥瘡の治癒後、褥瘡の再発がない場合に算定できます。

情報を提出する頻度

LIFEへ情報を提出する頻度と内容については、利用者等ごとに異なります。提出期限は、**①から③までに定める月の翌月10日まで**です。評価は少なくとも3か月に1回行いましょう。

①【本加算の算定を開始しようとする月の時点でサービスを利用している利用者等】については、介護記録などに基づいた利用開始時または施設入所時における評価の情報や算定開始時における情報を、加算算定を開始しようとする月に利用者ごとに提出

②【本加算の算定を開始しようとする月の翌月以降にサービスの利用を開始した利用者等】については、サービスの利用を開始した日が属する月のサービスの利用開始時における情報を利用者ごとに提出

③褥瘡の発生と関係のあるリスクに関する評価を少なくとも3か月に1回行い、評価を行った日の属する月の情報を利用者ごとに提出

提出すべき月に情報を提出できなかった場合は、直ちに「訪問通所サービス通知第1の5の届出」を提出します。提出できなかった月のサービス提供分から、情報の提出が行われた月の前月までは、利用者全員この加算を算定できません。

提出する情報の内容

「褥瘡対策に関するスクリーニング・ケア計画書」にある「評価日」「計画作成日」「褥瘡の有無」および「危険因子の評価」は、やむを得ない場合※を除いてすべて提出します。なお、褥瘡がある利用者等は、同様式にある「褥瘡の状態の評価」も提出します。これらの情報をLIFEに提出したうえで、フィードバック票を活用することが算定要件とされています。

この加算は褥瘡管理における質の向上を図るために、**多職種が共同で**PDCAサイクルをまわさなければなりません。褥瘡の管理を要する入所者に対して、褥瘡の要因を踏まえた褥瘡ケア計画の作成（Plan）、その計画に基づく褥瘡管理の実施（Do）、その実施内容の評価（Check）とその結果を踏まえた計画の見直し（Action）といったサイクルを通じて、継続的に褥瘡管理を行いましょう。

※科学的介護推進体制加算と同様

褥瘡マネジメント加算区分Ⅰ・Ⅱの算定対象者

褥瘡マネジメント加算区分Ⅱの算定対象者

(4) 施設入所日の属する月の翌月以降に、褥瘡のリスクを評価し、「持続する発赤（ｄ１）」以上の褥瘡の発症がない

褥瘡マネジメント加算区分Ⅰの算定対象者

(1) 施設入所時に褥瘡リスクを評価

(2) (1) の結果「褥瘡が発生するリスクがある」と判定され、褥瘡ケア計画書を作成

(3) (2) の計画書をもとに、多職種が褥瘡管理を実施

17 排せつ支援加算

排せつに介護を要する利用者だけではなく、全利用者が加算対象となりました。

情報を提出する頻度・内容

① 【本加算の算定を開始しようとする月にサービスを利用している者等】については、加算算定を開始しようとする月に、介護記録等に基づいて利用開始時または施設入所時における評価の情報および算定開始時における情報を利用者ごとに提出

② 【本加算の算定を開始した月の翌月以降にサービスの利用を開始した利用者等】については、サービスの利用を開始した日の属する月に、サービスの利用開始時における情報を利用者ごとに提出

③排せつに関する評価を行った日（少なくとも3か月に1回）の属する月の評価時における情報を、利用者ごとに提出

利用者等ごとに、前述**①から③に定める月の翌月10日までに**、LIFEへ情報を提出します。

情報を提出すべき月に提出できなかった場合は、直ちに「訪問通所サービス通知第1の5の届出」を提出します。また、情報の提出できなかった事実が生じた月のサービス提供分から提出が行われた月の前月までの間は、利用者全員この加算を算定できません。本加算では排せつに介護を要する入所者等を対象に、医師または医師と連携した看護師が**施設入所時等に要介護状態の軽減の見込みについて評価**します。

事業所等における利用者全員について「排せつの状態に関するスクリーニング・支援計画書」にある「評価日」「計画作成日」「排せつの状態及び今後の見込み」「排せつの状態に関する支援の必要性」に関する情報を、やむを得ない場合[※]を除いてすべて提出します。

※科学的介護推進体制加算と同様

排せつの状態に関するスクリーニング・支援計画書

排せつの状態に関するスクリーニング・支援計画書

評価日 令和　　年　　月　　日　計画作成日 令和　　年　　月　　日

氏名　　　　　　　　　　　　　　殿　　男　女

明・大・昭・平　　年　　月　　日生（　　歳）

記入者名

医 師 名

看護師名

排せつの状態及び今後の見込み

	施設入所時（利用開始時）	評価時	3か月後の見込み	
			支援を行った場合	支援を行わない場合
排尿の状態	介助されていない 見守り等 一部介助 全介助	介助されていない 見守り等 一部介助 全介助	介助されていない 見守り等 一部介助 全介助	介助されていない 見守り等 一部介助 全介助
排便の状態	介助されていない 見守り等 一部介助 全介助	介助されていない 見守り等 一部介助 全介助	介助されていない 見守り等 一部介助 全介助	介助されていない 見守り等 一部介助 全介助
おむつ使用の有無	なし あり（日中のみ・夜間のみ・終日）	なし あり（日中のみ・夜間のみ・終日）	なし あり（日中のみ・夜間のみ・終日）	なし あり（日中のみ・夜間のみ・終日）
ポータブルトイレ使用の有無	なし あり（日中のみ・夜間のみ・終日）	なし あり（日中のみ・夜間のみ・終日）	なし あり（日中のみ・夜間のみ・終日）	なし あり（日中のみ・夜間のみ・終日）

※排尿・排便の状態の評価については「認定調査員テキスト 2009 版（平成 30 年 4 月改訂）」を参照。

排せつの状態に関する支援の必要性

あり　　　なし

支援の必要性をありとした場合

排せつに介護を要する要因

支援計画

■「介助されていない」

「排尿・排便」の介助が行われていない場合

■「見守り等」

「排尿・排便」の介助は行われていないが、「見守り等」が行われている場合。ここでいう「見守り等」とは、常時の付き添いの必要がある「見守り・確認・指示・声かけ」や、認知症高齢者等をトイレ等へ誘導するために必要な「確認・指示・声かけ」等のこと

■「一部介助」

「排尿・排便」の一連の行為に部分的に介助が行われている場合

■「全介助」

調査対象者の「排尿・排便」の介助のすべてが行われている場合

※「指定居宅サービスに要する費用の額の算定に関する基準（短期入所サービス及び特定施設入居者生活介護に係る部分）及び指定施設サービス等に要する費用の額の算定に関する基準の制定に伴う実施上の留意事項について」別紙様式6（厚生労働省）（https://www.mhlw.go.jp/stf/seisakunitsuite/bunya/0000188411_00034.html）をもとに著者作成

18 自立支援促進加算

この加算は施設の入所者全員に対して算定できます。

算定要件

本加算の算定要件は次の通りです。

(1)医師による医学的評価の実施

入所時、医師は（自立支援に特に必要な）医学的評価を入所者ごとに行い、**少なくとも6か月に1回**は医学的評価を見直す必要があります。

(2)多職種で自立支援計画を策定・ケアを実施

（1）で行った医学的評価の結果、自立支援のためのケアが必要であると判断された利用者ごとに、医師・看護師・介護職員等が**共同で自立支援に係る支援計画を策定**しなければなりません。また、策定した支援計画に基づき**ケアを実施する**必要があります。

(3)自立支援計画の見直しとLIFEの活用

医学的評価に基づいて、少なくとも**3か月に1回**は入所者ごとに支援計画を見直しましょう。医学的評価の結果等の情報はLIFEに提出します。その後、LIFEからのフィードバック票の内容は、自立支援促進のために適切・有効に活用する必要があります。

情報を提出する頻度

利用者ごとに、**①～③に定める月の翌月10日までに**情報を提出します。

①【加算の算定を開始する月に、すでにサービスを利用している既利用者】の場合は、算定を開始しようとする月

②【加算の算定を開始する月の翌月以降にサービスの利用を開始した新規利用者】の場合は、サービスの利用を開始した日の属する月

③入所者ごとに支援計画の見直しを行った日の属する月

①～③の情報を提出すべき月に提出できない事実が生じた場合は「訪問通所サービス通知第1の5の届出」の提出が必要になります。また、この事実が生じた月のサービス提供分から情報の提出が行われた月の前月までは、利用者全員本加算を算定できません。

提出する情報の内容

入所者全員について「自立支援促進に関する評価・支援計画書」にある「評価日」「計画作成日」「現状の評価と支援計画実施による改善の可能性」「支援実績」の各項目に関する情報を、やむを得ない場合※を除きすべて提出します。

診断名は、医師が実施する医学的評価や診断書等から把握します。国際疾病分類第10版（ICD－10）または、傷病名コードを用いてデータ登録することが可能です。

※科学的介護推進体制加算と同様

自立支援促進に関する評価・支援計画書

医学的評価の結果、支援計画を実施することにより重度化の防止が期待できるかを評価

(6) 廃用性機能障害に対する自立支援の取組による機能回復・重度化防止の効果
□期待できる（期待できる項目：□基本動作　□ADL　□IADL　□社会参加　□その他）
□期待できない　□不明
・リハビリテーション（医師の指示に基づく専門職種によるもの）の必要性　□あり　□なし
・機能訓練の必要性　□あり　□なし

(7) 尊厳の保持と自立支援のために必要な支援計画
□尊厳の保持に資する取組　□本人を尊重する個別ケア　□寝たきり防止に資する取組　□自立した生活を支える取組

(8) 医学的観点からの留意事項
・血圧　□特になし　□あり（　）・移動　□特になし　□あり（　）
・摂食　□特になし　□あ…（　）・運動　□特になし　□あり（　）
・嚥下　□特にな…　）

（※ 利用者が日常生…

医師の指示によるものではない機能訓練の必要性があるかどうかを評価し、選択

※「指定居宅サービスに要する費用の額の算定に関する基準（短期入所サービス及び特定施設入居者生活介護に係る部分）及び指定施設サービス等に要する費用の額の算定に関する基準の制定に伴う実施上の留意事項について」別紙様式7（厚生労働省）（https://www.mhlw.go.jp/stf/seisakunitsuite/bunya/0000188411_00034.html）をもとに著者作成

19 かかりつけ医連携薬剤調整加算

かかりつけ医との連携が、入所者等の薬剤の調整（減薬等）に貢献しているかを評価する加算です。

情報を提出する頻度

入所者ごとに、**①～④までに定める月の翌月10日まで**にLIFEへ情報を提出します。

①施設に入所した日の属する月
②処方内容に変更が生じた日の属する月
③①または②の月のほか、少なくとも3か月に1回
④施設を退所する日の属する月

提出する情報の内容

入所期間が3か月以上であると見込まれる入所者については、①③および④の月に「薬剤変更等に係る情報提供書」の「傷病名」と「処方薬剤名」の情報を、②の月にはこれらに加えて「薬剤変更等に係る情報提供書」にある「変更・減薬・減量の別」と「変更・減薬・減量理由」に関する情報をすべて提出します。

また、提出する情報は、それぞれ次の時点でのものを提出しましょう。

①当該入所時における情報
②当該変更時における情報
③前回提出時以降における情報
④当該退所時における情報

〈そのほかの入力項目〉既往歴情報

LIFEの入力画面には「既往歴情報」や「薬剤変更情報」といった項目があります。既往歴情報には、初回登録時は現病歴および主な既往歴を登録します。2回目以降は**前回の評価時から変化があった場合に入力**します。このとき、診療情報提供書等に記載された情報を参考にしましょう。入院等があった場合は、医

療機関や介護支援専門員と連携してこれらを把握します。国際疾病分類第10版（ICD－10）や傷病名コードを用いた入力も可能です。「発症年月日」には、入力した病名の発症年月日を入力します。不明な場合は「70歳頃」のように大体の発症年を入力します。「日」が分からない場合は「15日」、「月」が分からない場合は「6月」と入力しましょう。

〈そのほかの入力項目〉薬剤変更情報

LIFEの入力項目「薬剤変更情報」には、**入所時、現時点または退所時の処方薬**を登録します。薬剤の変更等があった場合は「変更・減薬・減量があった薬剤名」「変更等の種別」「変更等の理由」を登録しましょう（増量の場合は不要）。入所時は、入所前の医療機関やかかりつけ医等から提供される診療情報提供書を確認しましょう。その際、診療情報提供書を発行した医療機関以外の受診状況や診療情報提供書、お薬手帳も確認し整合性をはかります。**現在使用中のすべての処方薬を入力する必要があります。**ただし、内服薬以外の薬剤や頓服薬は入力しなくても差し支えありません。

既往歴と処方薬を登録する際のポイント

■ 既往歴情報

初回登録時	現病歴および主な既往歴を入力
2回目以降	前回から変化があった箇所のみ入力

入所時の情報を入力する場合は、
入所前の受診歴を十分確認するようにしましょう。

■ 薬剤変更情報

入所時・現時点・退所時	各時点での処方薬を入力
変更があったとき	「変更・減薬・減量があった薬剤名」「変更等の種別」「変更等の理由」を入力　※増量の場合は入力不要

現在使用中のすべての処方薬を入力する必要があります。
※ 内服薬以外の薬剤や頓服薬については入力しなくても問題ありません。

20 栄養マネジメント強化加算

直近3日の食事内容（摂取率・食意識等）で評価します。施設サービスが対象の加算です。

情報を提出する頻度

加算を算定する利用者ごとに、**ケアを提供した月の翌月10日まで**にデータを提出します。少なくとも、3か月に1回提出するようにしましょう。

新規に加算を算定する利用者については、栄養・摂食嚥下スクリーニング・アセスメント・モニタリング（施設）を実施した月、および、既存の利用者で栄養・摂食嚥下スクリーニング・アセスメント・モニタリング（施設）を行った日の属する月にもＬＩＦＥにデータを提出します。

ＬＩＦＥにデータを提出しフィードバックを受けたら、継続的に適切かつ有効な栄養管理を実施するために、活用しなければなりません（活用方法については第４章等を参照）。また、**将来の運営指導に備えて記録**しておくことも大切です。

提出する情報の内容

本加算では次の情報をＬＩＦＥに提出します。

(1)施設の入所者全員

「栄養・摂食嚥下スクリーニング・アセスメント・モニタリング（施設）（様式例）」にある「実施日」「低栄養状態のリスクレベル」「低栄養状態のリスク（状況）」「食生活状況等」「多職種による栄養ケアの課題（低栄養関連問題）」「総合評価」[※1]および「計画変更」に関する情報を、やむを得ない場合を除いてすべて提出します。

(2)経口維持加算ⅠまたはⅡを算定している入所者

同様式にある「摂食・嚥下の課題」「※食事の観察」および「※多職種会議」に関する情報も提出しましょう。

※1：科学的介護推進体制加算と同様

栄養マネジメント強化加算の主な評価方法

厳格な判断基準があるわけではありません。基本的に、管理栄養士の判断で評価します。

■ 栄養補給法

経口摂取について「なし」「一部経口」「経口のみ」から選択します。経腸栄養法・静脈栄養法のそれぞれについて「なし」または「あり」を選択します。

■ 栄養補給の状態

食事全体・主食・主菜・副菜のそれぞれにおいて「直近3日間に提供された食事をどれぐらい食べられたか」を「摂取率」とし、LIFEに入力します。通所系サービス等で食事摂取量を正確に把握できない場合は、利用者または家族に聞き取りを行って食事摂取量を把握します。直近3日間のなかで、検査等でやむを得ず欠食があった場合は、そのときの食事は除外して計算します。ただし、体調不良等の理由で欠食があった場合は加味して計算します。

■ 食事に対する意識

直近3日間の本人の食事に対する意識を「大いにある」「ややある」「ふつう」「ややない」「全くない」のなかから選択します。

■ 総合評価

直近3日間の栄養状態を総合的に評価したとき「改善」「改善傾向」「維持」「改善が認められない」のなかから該当するものを選択します。前回の評価データがある場合は、そのときのデータとも比較しましょう。

21 口腔衛生管理加算

口腔衛生等の管理や、介護職員への技術的助言を行うことでもらえる加算です。

情報を提出する頻度

加算を算定する利用者ごとに、**サービス提供月の翌月10日まで**にデータを提出します。少なくとも3か月に1回は提出しましょう。

新規に算定する利用者については「口腔衛生管理加算様式（実施計画）」を作成した月、既存の利用者では「口腔衛生管理加算様式（実施計画）」の変更を行った日の属する月にもデータ提出を行います。

LIFEにデータを提出しフィードバックを受けたら、適切かつ有効な衛生管理を実施するために活用しましょう。また、**将来の運営指導に備えて、これらを記録しておく**ことも重要です。

提出する情報の内容

「口腔衛生管理加算様式（実施計画）」にある「要介護度・病名等」「かかりつけ歯科医」「入れ歯の使用」「食形態等」「誤嚥性肺炎の発症・罹患」「1．口腔に関する問題点（スクリーニング）」「2．口腔衛生の管理内容（アセスメント）」（実施目標、実施内容及び実施頻度のみ）および「3．歯科衛生士が実施した口腔衛生等の管理及び介護職員への技術的助言等の内容」の各項目に関する情報をすべて提出します。

「口腔衛生管理加算様式（実施計画）」を新規で作成または変更した場合は、その時点における情報を提出します。

3か月に1回の提出では、前回提出時以降の情報を入力します。これは3か月ごとに計画書を作成することを求めているわけではありません。そのため、**3か月後も計画書の内容に変更がない場合は同じ情報を提出**しましょう。

口腔衛生管理加算様式（実施計画）

1　口腔に関する問題点（スクリーニング）

記入日：令和　　年　　月　　日　記入者：

口腔に関する問題点（該当する項目をチェック）	□ 口腔衛生状態（□ 歯の汚れ、□ 義歯の汚れ、□ 舌苔、□ 口臭） □ 口腔機能の状態（□ 食べこぼし、□ 舌の動きが悪い、□ むせ、□ 痰がらみ、□ 口腔乾燥）
	□ 歯数（　　）歯 □ 歯の問題（□ う蝕、□ 歯の破折、□ 修復物脱離、□その他（　　）） □ 義歯の問題（□ 不適合、□ 破損、□ その他（　　）） □ 歯周病 □ 口腔粘膜疾患（潰瘍等）

利用者の口腔に関する現状の問題について評価する

2　口腔衛生の管理内容（アセスメント）

記入日：令和　　年　　月　　日

記入者	（指示を行った歯科医師名：　　　）
実施目標	□ 歯科疾患（□ 予防、□ 重症化予防） □ 口腔衛生（□ 自立、□ 介護者の口腔清掃の技術向上、□ 専門職の定期的な口腔清掃等） □ 摂食・嚥下機能（□ 維持、□ 改善） □ 食形態（□ 維持、□ 改善） □ 栄養状態（□ 維持、□ 改善） □ 誤嚥性肺炎の予防 □ その他（　　　）
実施内容	□ 口腔の清掃　□ 口腔の清掃に関する指導 □ 義歯の清掃　□ 義歯の清掃に関する指導 □ 摂食・嚥下等の口腔機能に関する指導 □ 誤嚥性肺炎の予防に関する指導 □ その他（　　　）
実施頻度	□ 月4回程度　□ 月2回程度　□ 月1回程度　□ その他（　　　）

利用者の口腔管理に関する実施目標・実施内容・実施頻度を評価する

3　歯科衛生士が実施した口腔衛生等の管理及び介護職員への技術的助言等の内容

実施日：　令和　　年　　月　　日　（記入者：　　　）

口腔衛生等の管理	□ 口腔の清掃　□ 口腔の清掃に関する指導 □ 義歯の清掃　□ 義歯の清掃に関する指導 □ 摂食・嚥下等の口腔機能に関する指導 □ 誤嚥性肺炎の予防に関する指導 □ その他（　　　）
介護職員への技術的助言等の内容	□ 入所者のリスクに応じた口腔清掃等の実施 □ 口腔清掃にかかる知識、技術の習得の必要性 □ 食事の状態、食形態等の確認 □ 現在の取組の継続 □ その他（　　　）

※「指定地域密着型サービスに要する費用の額の算定に関する基準及び指定地域密着型介護予防サービスに要する費用の額の算定に関する基準の制定に伴う実施上の留意事項について」別紙様式1（厚生労働省）（https://www.mhlw.go.jp/stf/seisakunitsuite/bunya/0000188411_00034.html）をもとに著者作成

22 口腔機能向上加算

利用者の口腔機能向上のために、指導・訓練を行った場合にもらえる加算です。

情報を提出する頻度

LIFEへ情報を提出する頻度については、**個別機能訓練加算Ⅱと同様**ですので、58ページを参照してください。

新規に加算を算定する利用者については「口腔機能向上サービスに関する計画書（様式例）」を作成した月に、また、既存の利用者については、この計画書の変更を行った日の属する月にもLIFEにデータを提出しなければなりません。

LIFEにデータを提供したらフィードバック票がもらえますので、口腔機能向上のための管理を実施するためにも、適切かつ有効的に活用しなければなりません。

また、将来の運営指導に備えて、記録しておきましょう。

提出する情報の内容

「口腔機能向上サービスに関する計画書（様式例）」にある「かかりつけ歯科医」「入れ歯の使用」「食形態等」「誤嚥性肺炎の発症・罹患」「1スクリーニング、アセスメント、モニタリング」「2口腔機能改善管理計画」および「3実施記録」の各項目に関する情報をすべて提出します。

また、**提出する情報は、計画書の作成または変更時点におけるもの**とします。3か月に1回の提出では、前回提出時以降の情報を提出するようにしましょう。これは、3か月ごとに計画書を作成することを求めているのではありませんので注意する必要があります。**3か月後も計画書の内容に変更がない場合は、同じ情報を提出**します。

口腔機能向上サービスに関する計画書（様式例）

1　スクリーニング、アセスメント、モニタリング

		令和　　年　　月　　日
		記入者：
		□ 看護職員　□ 歯科衛生士　□ 言語聴覚士
口腔衛生状態	口臭	□ あり、□ なし、□ 分からない
	歯の汚れ	□ あり、□ なし、□ 分からない
	義歯の汚れ	□ あり、□ なし、□ 分からない
	舌苔	□ あり、□ なし、□ 分からない
口腔機能の状態	食べこぼし	□ あり、□ なし、□ 分からない
	舌の動きが悪い	□ あり、□ なし、□ 分からない
	むせ	□ あり、□ なし、□ 分からない
	痰がらみ	□ あり、□ なし、□ 分からない
	口腔乾燥	□ あり、□ なし、□ 分からない
特記事項	□ 歯（う蝕、修復物脱離等）、義歯（義歯不適合等）、歯周病、口 … □ 音声・言語機能に関する疾患の可能性 □ その他（　　　　　　　　）	

利用者の口腔に関する現状の問題について評価する

2　口腔機能改善管理計画　　　　　　　　　　　　作成日：令和　　年　　月　　日

計画立案者	□ 看護職員、□ 歯科衛生士、□ 言語聴覚士
サービス提供者	□ 看護職員、□ 歯科衛生士、□ 言語聴覚士
目標	□ 口腔衛生（□ 維持、□ 改善（　　　　　）） □ 摂食・嚥下機能（□ 維持、□ 改善（　　　　　）） □ 食形態（□ 維持、□ 改善（　　　　　）） □ 音声・言語機能（□ 維持、□ 改善（　　　　　）） □ 誤嚥性肺炎の予防 □ その他（　　　　　　　　）
実施内容	□ 摂食・嚥下等の口腔機能に関する指導 □ 口腔清掃、口腔清掃に関する指導 □ 音声・言語機能に関する指導 □ その他（　　　　　　　　）

管理計画を踏まえて、該当する項目を選択する

3　実施記録

実施年月日	令和　　年　　月　　日
サービス提供者	 □ 看護職員、□ 歯科衛生士、□ 言語聴覚士
口腔清掃、口腔清掃に関する指導	□ 実施
摂食・嚥下等の口腔機能に関する指導	□ 実施
音声・言語機能に関する指導	□ 実施
その他（　　　　　　　　）	□ 実施

実施した内容を選択する

※「リハビリテーション・個別機能訓練、栄養管理及び口腔管理の実施に関する基本的な考え方並びに事務処理手順及び様式例の提示について」別紙様式8（https://www.mhlw.go.jp/stf/seisakunitsuite/bunya/0000188411_00034.html）をもとに著者作成

LIFE関連の加算に対応する様式

加算名称	対応する様式（案）	LIFEへのデータ登録※2
科学的介護推進体制加算（Ⅰ）（Ⅱ） 科学的介護推進体制加算	科学的介護推進に関する評価 ※施設・事業所が加算において様式の作成を求めるものではなく、LIFEへの登録項目を示すためのイメージとしての様式	必須
個別機能訓練加算（Ⅱ）	別紙様式1：興味・関心チェックシート	任意
	別紙様式2：生活機能チェックシート	必須
	別紙様式3：個別機能訓練計画書	必須
ADL維持等加算（Ⅰ）（Ⅱ）	特定の様式はなし ※施設・事業所は、利用者のADLデータをLIFEへ登録。LIFEでは、登録されたデータをもとにADL利得を算出する機能を使用できます	必須
リハビリテーションマネジメント加算(A)ロ(B)ロ リハビリテーションマネジメント計画書情報加算 理学療法、作業療法及び言語聴覚療法に係る加算	別紙様式1：興味・関心チェックシート	任意
	別紙様式2：リハビリテーション計画書	必須
	別紙様式3：リハビリテーション会議録	任意
	別紙様式4：リハビリテーションマネジメントにおけるプロセス管理票	任意
	別紙様式5：生活行為向上リハビリテーション実施計画書	任意
褥瘡マネジメント加算（Ⅰ）（Ⅱ） 褥瘡対策指導管理（Ⅱ）	褥瘡対策に関するスクリーニング・ケア計画書	必須
排せつ支援加算	排せつの状態に関するスクリーニング・支援計画書	必須
自立支援促進加算	自立支援促進に関する評価・支援計画書	必須
かかりつけ医連携薬剤調整加算（Ⅱ）（Ⅲ） 薬剤管理指導	薬剤変更等に係る情報提供書	必須
栄養マネジメント強化加算	栄養・摂食嚥下スクリーニング・アセスメント・モニタリング（施設）	必須
	栄養ケア・経口移行・経口維持計画書（施設）	任意
栄養アセスメント加算	栄養スクリーニング・アセスメント・モニタリング（通所・居宅）	必須
	栄養ケア計画書（通所・居宅）	任意
口腔衛生管理加算（Ⅱ）	口腔衛生管理加算　様式（実施計画）	必須
口腔機能向上加算（Ⅱ）	口腔機能向上サービスに関する計画書（様式例）	必須
その他	令和2年度版CHASEに存在するが、令和3年度の加算様式に含まれていない項目	任意
その他	その他 リハビリテーション・個別機能訓練・栄養・口腔一体的計画書 ※本様式はリハビリテーション・個別機能訓練・栄養・口腔を一体的に実施する場合の計画書の様式 ※それぞれの項目については、リハビリテーション、機能訓練、栄養、口腔の加算における各様式の項目とすべて共通であり、LIFEに登録可能	任意

※1　データの提出は、各加算の様式等における見直しの頻度等に応じたタイミングを予定（加算算定できる月とは必ずしも一致しない）
※2　任意と記載された様式はLIFEへのデータ登録は任意
出典：「ケアの質の向上に向けた科学的介護情報システム（LIFE）利活用の手引き」（厚生労働省）（https://www.mhlw.go.jp/content/12301000/000962109.pdf）（2023年2月1日時点）

第3章

主な評価方法

LIIFEのフィードバック票を活用するためには、評価指針の理解と、施設内での標準化された評価（アセスメント）が欠かせません。ここでは、各評価指標の意味と、その評価方法を確認します。また、LIFEの評価結果を向上させるための方法を紹介します。

23 ADLの評価指標であるBIとは？

科学的介護推進体制加算、個別機能訓練加算、ADL維持等加算、リハビリテーションマネジメント加算で用いられます。

日常生活の動作で「自立度」を評価

BIは、10項目からなる日常生活動作（ADL）を評価するための指標です。各項目2～4段階で評価し、総計は最高100点、最低0点です。点数配分（15点・10点・5点・0点／**点数が高いほど動作の自立度が高い**）は項目によって異なるため、判定基準の内容を参考にしながら当てはまるものにチェックをしましょう。

各項目の動作は、できるか否かを、**普段の状況**を踏まえて（必要に応じて実際に利用者に動作を行ってもらい）評価しましょう。食事や入浴等、基本的には「実際の場面を目視で評価すること」が望ましいとされていますが、それが困難な場合は利用者等からの聞き取りであっても構いません。**本人の状況や生活環境等を十分考慮して、評価方法（目視・聞き取り等）を検討**するとよいでしょう。評価方法については、厚生労働省から解説ビデオが提供されているので、参考にしてみてください。

どの項目であっても、対象者が少しでも介助や見守りを要する場合や、そばに誰かいなければ動作を安全に行えない場合は、自立しているとはいえません。

評価の判断に迷ったときの対処法

BIの評価は、介護職員1人で担当する場合もあれば、複数で担当する場合も多くあります。複数で担当すると、評価の判断基準で迷ったり、担当者によって評価にバラツキが出たりすることがあります。判断基準に迷った場合は、**理学療法士等の資格を持つ指導員等に最終的な判断を求める**ことで、評価のバラツキを最小限に留めることができます。こういった取り組みは、担当する職員の心理的な負担を軽減することにも役立ちます。

BIの評価内容（項目・点数・判断基準）

BI（バーセルインデックス）の概要		
項目	点数	判定基準
食事	10点	自立、手の届くところに食べ物を置けば、トレイあるいはテーブルから1人で摂食可能、必要なら介護器具をつけることができ、適切な時間内で食事が終わる
	5点	食べ物を切る等、介助が必要
	0点	全介助
移乗	15点	自立、車椅子で安全にベッドに近づき、ブレーキをかけ、フットレストを上げてベッドに移り、臥位になる。再び起きて車椅子を適切な位置に置いて、腰を掛ける動作がすべて自立
	10点	どの段階かで、部分介助あるいは監視が必要
	5点	座ることはできるが、移動は全介助
	0点	全介助
整容	5点	自立（洗面、歯磨き、整髪、ひげそり）
	0点	全介助
トイレ動作	10点	自立、衣服の操作、後始末も含む。ポータブル便器を用いているときは、その洗浄までできる
	5点	部分介助、体を支えたり、トイレットペーパーを用いることに介助
	0点	全介助
入浴	5点	自立（浴槽につかる、シャワーを使う）
	0点	全介助
歩行	15点	自立、45m以上歩行可能、補装具の使用はかまわないが、車椅子、歩行器は不可
	10点	介助や監視が必要であれば、45m平地歩行可
	5点	歩行不能の場合、車椅子をうまく操作し、少なくとも45mは移動できる
	0点	全介助
階段昇降	10点	自立、手すり、杖などの使用はかまわない
	5点	介助または監視を要する
	0点	全介助
着替え	10点	自立、靴・ファスナー、装具の着脱を含む
	5点	部分介助を要するが、少なくとも半分以上の部分は自分でできる。適切な時間内にできる
	0点	全介助
排便コントロール	10点	失禁なし、浣腸、坐薬の取り扱いも可能
	5点	時に失禁あり、浣腸、坐薬の取り扱いに介助を要する
	0点	全介助
排尿コントロール	10点	失禁なし
	5点	時に失禁あり、収尿器の取り扱いに介助を要する場合も含む
	0点	全介助

出典：「令和3年度介護報酬改定に向けて（自立支援・重度化防止の推進）」（厚生労働省）（https://www.mhlw.go.jp/content/12300000/000672514.pdf）（2023年2月1日時点）

24 DBD13（認知症行動障害尺度）

科学的介護推進体制加算において、認知症の診断・疑いがある利用者に対しては本評価が必要です。

行動・心理症状の発現頻度を評価する

認知症行動障害尺度（Dementia Behavior Disturbance scales、DBD13）は、**認知症を有する利用者の行動・心理症状（以降BPSD）を評価する**ものです。

評価項目は13項目あり、各項目を「0：まったくない、1：ほとんどない、2：ときどきある、3：よくある、4：常にある」の5段階で評価します。全項目の点数を合計して、合計点数が低い場合はBPSDの発現が少なく、高い場合はBPSDの発現が多い結果となります。

BPSD（行動・心理症状）とは

認知症の症状には、物忘れや判断力の低下等、脳機能の低下を直接示す症状である「中核症状」と、中核症状に伴って現れる精神・行動面の症状である「周辺症状」に分けられます。BPSDは「周辺症状」と重なる概念の1つであるとされています。

どういった症状がある？

代表的な症状としては、次のようなものがあります。

〈行動症状〉

暴力・暴言・徘徊・拒絶・不潔行為等

〈心理症状〉

抑うつ・不安・幻覚・妄想・睡眠障害等

BPSDの治療については、適切なケアや環境調整、リハビリテーション等の非薬物療法が優先されますので、ケアはとても重要といえます。

DBD13のチェック項目

認知症

認知症の診断

□なし　□あり(診断日　　年　　月　　日：□アルツハイマー病　□血管性認知症
□レビー小体病　□その他（　　　　　　））

DBD13（認知症の診断または疑いのある場合に記載）

	まったくない	ほとんどない	ときどきある	よくある	常にある
・日常的な物事に関心を示さない	□	□	□	□	□
・特別な事情がないのに夜中起き出す	□	□	□	□	□
・特別な根拠もないのに人に言いがかりをつける	□	□	□	□	□
・やたらに歩きまわる	□	□	□	□	□
・同じ動作をいつまでも繰り返す	□	□	□	□	□
〔以下、任意項目〕					
・同じ事を何度も何度も聞く	□	□	□	□	□
・よく物をなくしたり、置き場所を間違えたり、隠したりする	□	□	□	□	□
・昼間、寝てばかりいる	□	□	□	□	□
・口汚くののしる	□	□	□	□	□
・場違いあるいは季節に合わない不適切な服装をする	□	□	□	□	□
・世話をされるのを拒否する	□	□	□	□	□
・物を貯め込む	□	□	□	□	□
・引き出しや箪笥の中身をみんな出してしまう	□	□	□	□	□

Vitality Index

・意思疎通　□自分から挨拶する、話し掛ける
□挨拶、呼びかけに対して返答や笑顔が見られる　□反応がない

〔以下、任意項目〕

・起床　□いつも定時に起床している　□起こさないと起床しないことがある
□自分から起床することはない

・食事　□自分から進んで食べようとする　□促されると食べようとする
□食事に関心がない、全く食べようとしない

・排せつ　□いつも自ら便意尿意を伝える、あるいは自分で排尿、排便を行う
□時々、尿意便意を伝える　□排せつに全く関心がない

・リハビリ・活動　□自らリハビリに向かう、活動を求める　□促されて向かう
□拒否、無関心

（注）任意項目との記載のない項目は必須項目とする

出典：「科学的介護情報システム（LIFE）関連加算に関する基本的考え方並びに 事務処理手順及び様式例の提示について」別紙様式1「科学的介護推進に関する評価（通所・居住サービス）」（厚生労働省）（https://www.mhlw.go.jp/stf/seisakunitsuite/bunya/0000188411_00034.html）（2023年2月1日時点）

25 Vitality Index(バイタリティ・インデックス)

科学的介護推進体制加算の対象者には、認知症の有無に関わらず本項目の評価を行いましょう。

日常の動作への意欲をはかる

Vitality Indexは、**利用者の日常生活動作に対する意欲を評価**する項目です。起床、意思疎通、食事、排せつ、リハビリ・活動の5項目の評価をそれぞれ0〜2点の3段階で評価します。すべての項目の合計点数が高いほど、意欲が高いことを表します。**利用者の直近1週間の状況**を踏まえて、介護施設・事業所の**理学療法士等が評価**を行います。

評価する際の注意点

各項目を評価する際の注意点は、次のとおりです。

〈起床〉 薬剤(睡眠薬等)の影響を除外し、評価します。起き上がって座ることができない場合でも、開眼し覚醒していれば「起床している」(2点)とします。

〈意思疎通〉 失語の症状がある場合には、言語以外の表現で意思疎通をしようとしているかで判断して構いません。

〈食事〉 本項目を評価する際は、器質的消化器疾患による影響は除外します。麻痺で食事の介護が必要な場合でも、介助を通して摂取する意欲があれば2点とします。また、口まで運ぶ際に介助を行っている場合も積極的に食べようとしていれば2点とします。

〈排せつ〉 本項目では、失禁の有無は問いません。尿意不明の場合でも、失禁後に「不快」ということを利用者がいつも伝えていれば2点とします。

〈リハビリ・活動〉 リハビリ以外にも散歩やレクリエーション、テレビ等も本項目の対象となります。寝たきりの場合は、受動的理学運動(関節の動く範囲を改善させる運動)に対する反応で判定します。

Vitality Indexの点数配分表

1	起床	2点. いつも定時に起床している 1点. 起こさないと起床しないことがある 0点. 自分から起床することがない 判定上の注意 薬剤の影響 （睡眠薬など） を除外。起座できない場合、開眼し覚醒していれば2点
2	意志疎通	2点. 自分から挨拶する、話しかける 1点. 挨拶、呼びかけに対し返答や笑顔がみられる 0点. 反応がない 判定上の注意 失語の合併がある場合、言語以外の表現でよい
3	食事	2点. 自分で進んで食べようとする 1点. 促されると食べようとする 0点. 食事に関心がない、全く食べようとしない 判定上の注意 器質的消化器疾患を除外。麻痺で食事の介護が必要な場合、介助により摂取意欲があれば2点（口まで運んでやった場合も積極的に食べようとすれば2点）
4	排せつ	2点. いつも自ら便意尿意を伝える、あるいは自分で排便、排尿を行う 1点. 時々尿意、便意を伝える 0点. 排泄に全く関心がない 判定上の注意 失禁の有無は問わない。尿意不明の場合、失禁後にいつも不快を伝えれば2点
5	リハビリ、活動	2点. 自らリハビリに向かう、活動を求める 1点. 促されて向かう 0点. 拒否、無関心 判定上の注意 リハビリでなくとも散歩やレクリエーション、テレビでもいい。寝たきりの場合、受動的理学運動に対する反応で判定する

出典：「Vitality Indexの評価方法　高齢者・要介護者の意欲の評価指標」（介護健康福祉のお役立ち通信ホームページ）（https://carenote.jp/vitality-index/）（2023年2月1日時点）

Vitality Indexのチェック項目

Vitality Index

・意思疎通　□自分から挨拶する、話し掛ける
□挨拶、呼びかけに対して返答や笑顔が見られる　□反応がない

〔以下、任意項目〕

・起床　□いつも定時に起床している　□起こさないと起床しないことがある
□自分から起床することはない

・食事　□自分から進んで食べようとする　□促されると食べようとする
□食事に関心がない、全く食べようとしない

・排せつ　□いつも自ら便意尿意を伝える、あるいは自分で排尿、排便を行う
□時々、尿意便意を伝える　□排せつに全く関心がない

・リハビリ・活動　□自らリハビリに向かう、活動を求める　□促されて向かう
□拒否、無関心

出典：「科学的介護情報システム（LIFE）関連加算に関する基本的考え方並びに 事務処理手順及び様式例の提示について」別紙様式1「科学的介護推進に関する評価（通所・居住サービス）」（厚生労働省）（https://www.mhlw.go.jp/stf/seisakunitsuite/bunya/0000188411_00034.html）（2023年2月1日時点）

26 低栄養状態のリスクレベル

科学的介護推進体制加算、栄養マネジメント強化加算、栄養アセスメント加算で提出します。

複数の指標を総合的に評価する

低栄養状態とは**食事の量が減っていたり、栄養価の高いものを摂取していなかったりが続いている状態のこと**です。低栄養状態のリスクは複数の指標を用いて評価し、LIFEには、低・中・高リスクの3段階から該当するものを選択し提出します。

指標には「BMI、3%以上の体重減少率（1・3・6か月）、血清アルブミン値、食事摂取量、栄養補給法、褥瘡」があります。

1つでも高リスクに該当する指標がある場合、低栄養状態のリスクレベルは「**高リスク**」、すべての指標が低リスクに該当する場合は「**低リスク**」、それ以外は「**中リスク**」となります。

「BMI、食事摂取量、栄養補給法」については、個人の状態・環境によって、低栄養状態になる場合の数値やリスクが異なることが考えられます。そのため、**対象者によっては高リスクの指標がなくても、低栄養状態のレベルを「高リスク」とする場合**があります。この点については、時系列での変化を加味して、他の評価指標の結果を含め総合的に判断することが大切です。また、LIFEでの全国平均との差をどう判断するかも重要です。原因分析を多職種で行うようにしましょう。

評価する際の注意点

褥瘡については、**持続する発赤（d1）以上の褥瘡がある場合は、「褥瘡あり」**と評価します。

また、評価していない指標がある場合（例えば、直近の血清アルブミン値がない場合等）については、その指標を除外して評価を行いましょう。

低栄養状態のリスクレベルを計る際の指標

リスク分類	低リスク	中リスク	高リスク
BMI	18.5～29.9	18.5未満	
体重減少率	変化なし (減少３％未満)	１か月に３～5%未満 3か月に３～7.5%未満 ６か月に３～10%未満	１か月に5%以上 3か月に7.5%以上 ６か月に10%以上
血清アルブミン値	3.6g/dl以上	3.0～3.5g/dl	3.0g/dl未満
食事摂取量	76～100%	75%以下	
栄養補給法		経腸栄養法静脈栄養法	
褥瘡			褥瘡

出典：「栄養スクリーニング・アセスメント・モニタリング（施設）（様式例）」別紙１（厚生労働省）（https://www.mhlw.go.jp/file/06-Seisakujouhou-12300000-Roukenkyoku/0000199126.pdf）（2023年２月１日時点）

低栄養状態のリスクレベルを判定するフロー

開始

以下にひとつでも該当するものがある

1）BMI 18.5未満
2）明確な体重減少がある
- 月5%以上
- 3月で7.5%以上
- 6月で10%以上

3）血清アルブミン3.0未満
4）食事摂取量不良（75%以下）
5）経腸栄養状態
6）経静脈栄養状態
7）褥瘡がある

はい → 高リスク

いいえ ↓

以下のすべてに該当する

1）BMI 18.5以上
2）体重減少なし
（減少3％未満）
3）血清アルブミン3.6以上
4）食事摂取量良好（76%以上）

いいえ → 中リスク

高リスク・中リスク：より綿密な栄養管理が必要

はい ↓

低リスク：通常の栄養管理

出典：「栄養スクリーニング（低栄養状態リスクレベル判定フロー）」（公益社団法人全国老人保健施設協会ホームページ）（https://www.roken.or.jp/wp/wp-content/uploads/2012/09/eiyo-f.pdf）（2023年２月１日時点）

27 嚥下調整食（食形態等・経口摂取）について

科学的介護推進体制加算、栄養マネジメント強化加算、口腔機能向上加算等で評価が必要です。

必ず資料を参照しながら評価しよう

「栄養・摂食嚥下スクリーニング・アセスメント・モニタリング」や「口腔機能向上サービスに関する計画書」等では、嚥下調整食（経口摂取）に関する項目が設定されています。

様式をご覧になった方はおわかりかと思いますが、「4、3、……0t、0j」という風に**分類コード**が記載されていて、そこから該当するものを選択する仕組みとなっています。これらの分類コードは、「日摂食嚥下リハ会誌25(2)：135－149，2021」または日本摂食嚥下リハ学会「日本摂食嚥下リハビリテーション学会嚥下調整食分類2021」の「学会分類2021（食事）早見表」に記載されておりますので、**これらを必ず参照しながら評価**しましょう。

「口腔機能向上サービスに関する計画書」の該当項目

氏名（ふりがな）	
性別	□男　□女
生年月日	□明治　□大正　□昭和　　年　月　日生まれ　歳
かかりつけ歯科医	□あり　□なし
入れ歯の使用	□あり　□なし
食形態等	□経口摂取　（□常食、□嚥下調整食（□4、□3、□2-2、□2-1、□1j、□0t、□0j）□経腸栄養、□静脈栄養
誤嚥性肺炎の発症・罹患	□あり　（発症日：令和　年　月　日） □なし

※嚥下調整食の分類、誤嚥性肺炎の発症等について把握するよう努めるとともに、6か月以内の状況について記載すること。

出典：「リハビリテーション・個別機能訓練、栄養管理及び口腔管理の実施に関する基本的な考え方並びに事務処理手順及び様式例の提示について」別紙様式8「口腔機能向上サービスに関する計画書（様式例）」（厚生労働省）（https://www.mhlw.go.jp/stf/seisakunitsuite/bunya/0000188411_00034.html）（2023年2月14日時点）

嚥下調整食の分類コード

コード【I-8項】		名称	形態	目的・特色	主食の例
0	j	嚥下訓練食品0j	均質で，付着性・凝集性・かたさに配慮したゼリー 離水が少なく，スライス状にすくうことが可能なもの	重度の症例に対する評価・訓練用 少量をすくってそのまま丸呑み可能 残留した場合にも吸引が容易 たんぱく質含有量が少ない	
	t	嚥下訓練食品0t	均質で，付着性・凝集性・かたさに配慮したとろみ水 （原則的には，中間のとろみあるいは濃いとろみ*のどちらかが適している）	重度の症例に対する評価・訓練用 少量ずつ飲むことを想定 ゼリー丸呑みで誤嚥したりゼリーが口中で溶けてしまう場合 たんぱく質含有量が少ない	
1	j	嚥下調整食1j	均質で，付着性，凝集性，かたさ，離水に配慮したゼリー・プリン・ムース状のもの	口腔外で既に適切な食塊状となっている（少量をすくってそのまま丸呑み可能） 送り込む際に多少意識して口蓋に舌を押しつける必要がある 0jに比し表面のざらつきあり	おもゆゼリー，ミキサー粥のゼリーなど
2	1	嚥下調整食2-1	ピューレ・ペースト・ミキサー食など，均質でなめらかで，べたつかず，まとまりやすいものスプーンですくって食べることが可能なもの	口腔内の簡単な操作で食塊状となるもの（咽頭では残留，誤嚥をしにくいように配慮したもの）	粒がなく，付着性の低いペースト状のおもゆや粥
	2	嚥下調整食2-2	ピューレ・ペースト・ミキサー食などで，べたつかず，まとまりやすいもので不均質なものも含む スプーンですくって食べることが可能なもの		やや不均質（粒がある）でもやわらかく，離水もなく付着性も低い粥類
3		嚥下調整食3	形はあるが，押しつぶしが容易，食塊形成や移送が容易，咽頭でばらけず嚥下しやすいように配慮されたもの 多量の離水がない	舌と口蓋間で押しつぶしが可能なもの押しつぶしや送り込みの口腔操作を要し（あるいはそれらの機能を賦活し），かつ誤嚥のリスク軽減に配慮がなされているもの	離水に配慮した粥など
4		嚥下調整食4	かたさ・ばらけやすさ・貼りつきやすさなどのないもの 箸やスプーンで切れるやわらかさ	誤嚥と窒息のリスクを配慮して素材と調理方法を選んだもの 歯がなくても対応可能だが，上下の歯槽提間で押しつぶすあるいはすりつぶすことが必要で舌と口蓋間で押しつぶすことは困難	軟飯・全粥など

＊上記0tの「中間のとろみ・濃いとろみ」については，学会分類2021（とろみ）を参照されたい。
※日本摂食嚥下リハビリテーション学会 嚥下調整食委員会「日本摂食嚥下リハビリテーション学会嚥下調整食分類2021」（https://www.jsdr.or.jp/wp-content/uploads/file/doc/classification2021-manual.pdf?0917）（2023年2月時点）より著者改変
※本表を使用するにあたっては、必ず「日本摂食嚥下リハビリテーション学会嚥下調整食分類2021」の本文を熟読してください。

事例

事業所全体で適切な身体機能評価と運動指導を行う

利用者の課題に合った機能訓練メニューを提供することは、LIFEの評価にもつながります。

株式会社
ケアスマイル青森
大里洋志

身体機能の評価方法って？

日常生活動作のような身体機能を評価する方法には「テスト法」と「スクリーニング法」があります。テスト法は「動作の能力を数値化すること」を、スクリーニング法は「動作の可否を明確にすること」を目的としています。一般的なデイサービスでは、身体機能の評価にテスト法を用いることが多いと思います。例えば「何秒片足で立っていることができるか」「何秒で歩くことができるか」等、対象者ができることを数字で表す等があります。

しかし、**テスト法だけでは対象者の日常生活動作における課題をみつけることは難しい**と筆者は考えます。なぜなら、TUG[※1]やCS30[※2]の評価を見ただけでは、機能訓練メニューを作成することはできないからです。唯一できるのは、転倒リスク等の予測値として、テスト法[※3]の数値を使用することでしょう。

誰もが適切な評価と訓練を行える4MS

そこで、筆者はもう1つの評価方法であるスクリーニング法を用いて、日常生活動作を評価することにしました。ここでは、日常生活動作を4つの基礎動作に分け、それぞれの動作を行えるかを評価し、スコアをつけます。そうすることで、**対象者の課題の動作を知ったうえで、身体機能を再獲得するための機能訓練メニューを作成する**ことができるようになりました。

また、4つの基礎動作をスクリーニング（各スコアのグループに振り分ける）して、課題となる動作を評価するシステムということから「4MovementScreen」※4（以降4MS）」と名づけました。

4MSは誰もが適切な身体機能評価と運動指導が行えるようサポートすることを目的とした評価システムです。4MS等を活用して「日常生活動作のどこに課題があるのか」「どのような機能訓練を行えばいいのか」等を利用者ごとに検討してみましょう。

各利用者に合った機能訓練を行うことは、利用者の状態改善だけではなく、LIFEの評価（PDCAサイクルの活用等）にもつながります。以降、本システムについて説明していきます。

※1：Time Up and Go test……3m先の目印をまわって戻るまでの時間を計る
※2：30秒椅子立ち上がりテスト……両手を胸元に交差させた状態で椅子に座り、30秒間立ち上がれた回数を計る
※3：TUGテストのカットオフ値（公益社団法人日本整形外科学会「運動器不安定症の定義と診断基準」より）……13・5秒以上：転倒リスクが予想される／30秒以上：起居動作や日常生活動作に介助を要す
※4：特許第6901809号発明の名称「日常生活活動向上支援装置」(https://ipforce.jp/patent-jp-B9-6901809)

4MS（4MovementScreen）とは？

- 日常生活動作（ADL）を「4つの基礎動作」に分類し、「コントロールフェーズ」として定義する

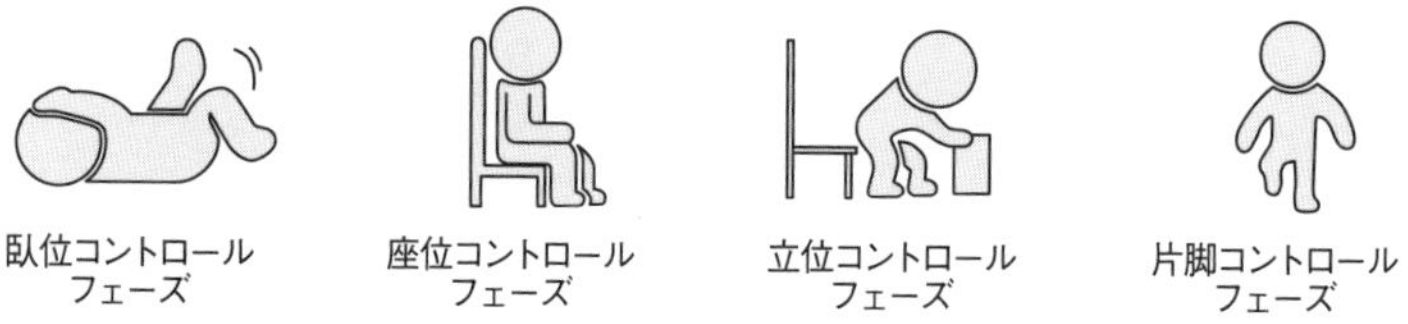

- 各コントロールフェーズの動作がどの程度コントロールできているかを評価する
- 評価結果を参考に、日常生活動作（ADL）向上のための機能訓練メニューが、発育発達の機能獲得に紐づけられながら提案される（できる）

各コントロールフェーズを評価する≒そこに属する日常生活動作を評価する

（1）まずはBIの各項目の動作を理解しよう

BIとは日常生活動作（ADL）の自立度を点数化したもので、次の4つの姿勢（4つのコントロールフェーズ）をコントロールして行われています。

①臥位《がい》姿勢（臥位コントロールフェーズ）
②座位姿勢（座位コントロールフェーズ）
③立位姿勢（立位コントロールフェーズ）
④片脚立ち（片脚立ちコントロールフェーズ）

これらの動作は、**①臥位→②座位→③立位→④片脚の順番で「支持基底面[※5]が狭くなる（重心が高くなる）」ため、コントロールが難しく**なります。

BIの点数を上げる（ADLを向上させる）ためには、ターゲットフェーズのなかでも、獲得しなければいけない身体機能に関するエクササイズを行います。利用者ごとに**「どのフェーズに課題があり、どういった機能訓練等が必要なのか」**を検討する必要があります。

※5：床に接している身体の外周をつなげた範囲（杖等を使用する場合は、杖等まで含む範囲）

日常生活動作を4つのコントロールフェーズに分類

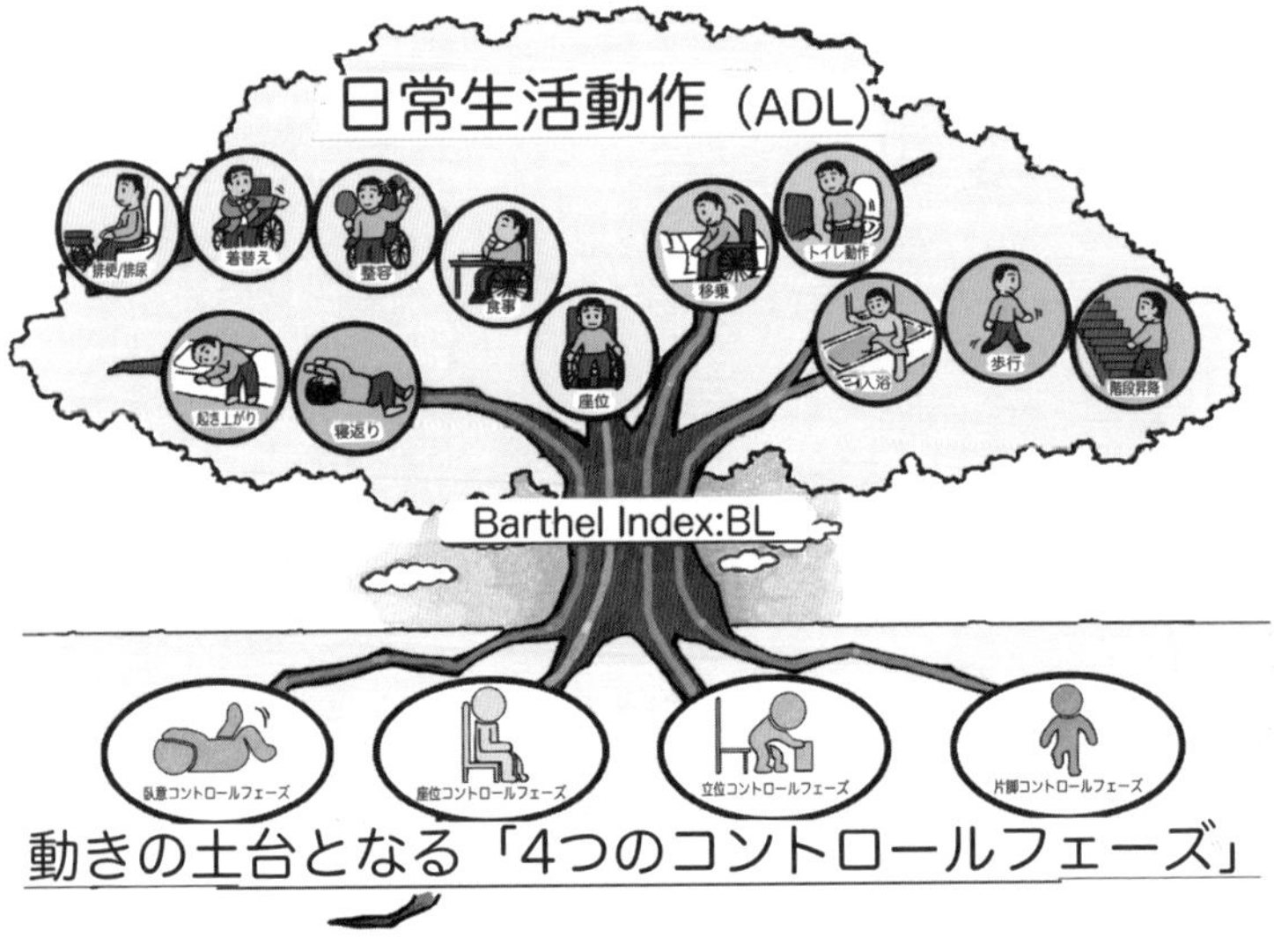

（2）4MSを行う際のルールを確認

先に4MSのルールを確認しておきましょう。

1．3点方式で点数をつける

正しい動作ができていれば3点、代償動作がある、またはその動作を遂行するために補助が必要であれば2点、代償動作や補助があっても動作を行うことができないがスタートポジションをとることができれば1点とします。動作の最初のポーズがとれないときや、痛みがあるとき（0点）は介入しません。

2．ターゲットフェーズを設定する

4MSの評価によって、最初に身体機能を再獲得すべきと判断した（最も点数が低かった）フェーズのことを「ターゲットフェーズ」と呼びます。

3．すべてのフェーズの点数が1点の場合

4MS評価の結果、すべてのフェーズの点数が1点だった場合「①臥位→②座位→③立位→④片脚」の順番で機能訓練を行っていきます。

4．スコアが0点だったフェーズへの対応

機能訓練は行わず、痛みがあった場合は医師や然るべき専門家の指示を仰ぐようにしましょう。

4MS（評価）→機能訓練→ADL向上・LIFEでの評価

❶ 4MSで利用者の課題となるフェーズ（基礎動作）をみつける

4つのコントロールフェーズのなかで、どこのフェーズから改善が必要か見極めます（ターゲットフェーズ）

各フェーズに属する日常生活動作の介助レベル（「自立・見守り・一部介助・全介助」）を大まかに把握できます

↓

❷ 課題（ターゲットフェーズ）の機能訓練を行う

ターゲットフェーズの、獲得しなければならない身体機能を得るためのエクササイズを行います

各フェーズの獲得機能は、発育発達過程で行われる動作（エクササイズ等）によって、よりよい効果が得られます

↓

❸ 利用者のBI向上、LIFEの評価につながる

①臥位：骨盤安定下肢挙上

骨盤を安定させて下肢を挙上する動作の確認は、利用者が必要最低限の体幹の安定性を有しているかを判断する上で非常に有効です。

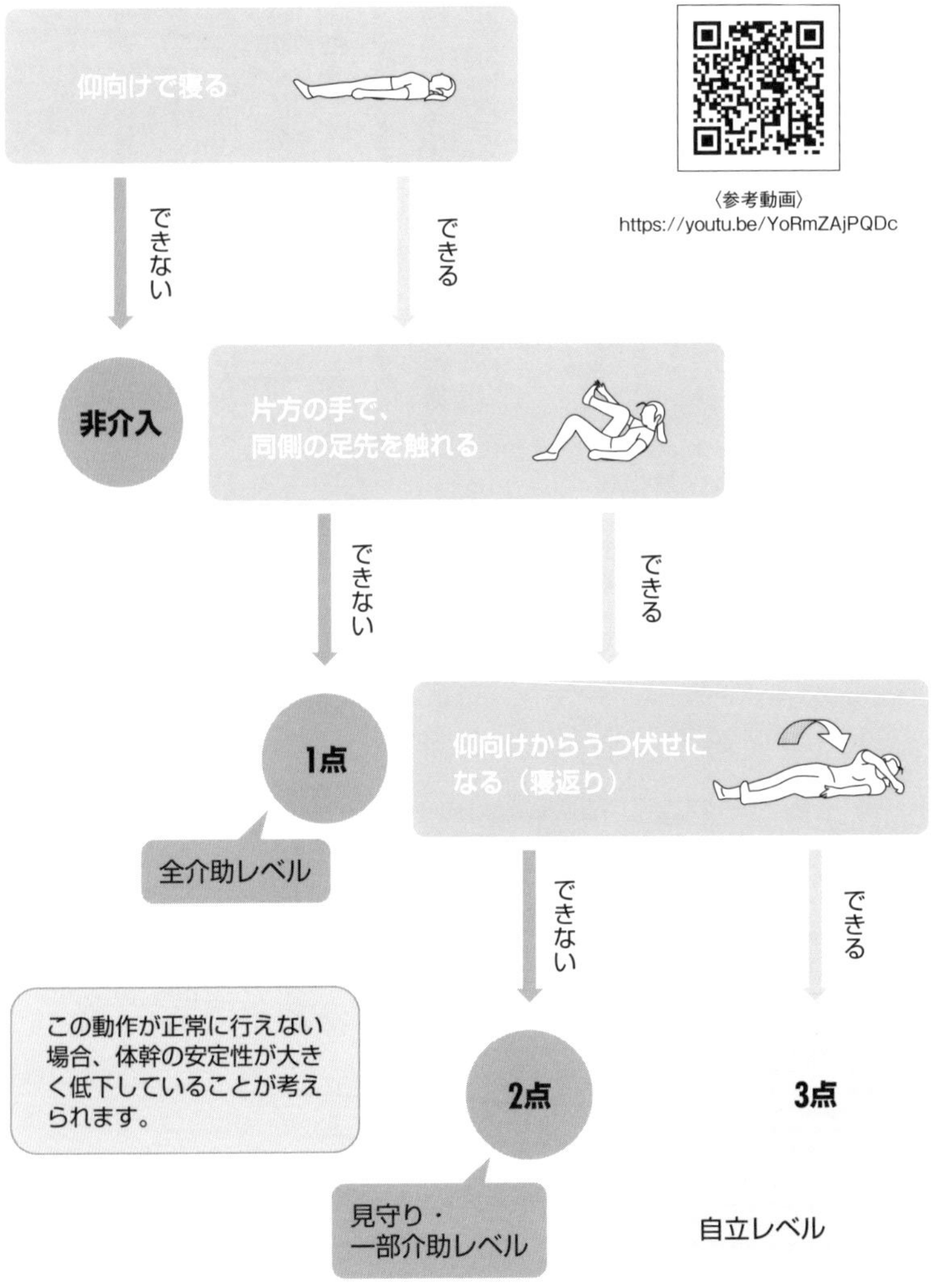

〈参考動画〉
https://youtu.be/YoRmZAjPQDc

②座位：座位保持肩挙上

座位姿勢を保持しつつ両腕を高く上げるためには、より高度な体幹～肩甲胸郭関節（上肢）の安定性と上肢の可動性が必要です。

〈参考動画〉
https://youtu.be/JKtyY3kME6I

椅子に座る
（背もたれ使用可）

- できない → **非介入**
- できる ↓

椅子に座る
（背もたれ使用不可）

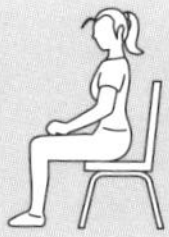

- できない → **1点**（全介助レベル）
- できる ↓

肩を90°以上挙げる
（背もたれ使用不可）

- できない → **2点**（見守り・一部介助レベル）
- できる → **3点**（自立レベル）

この動作が正常に行えない場合、対象者は体幹を垂直に保持しながら動作を制御する能力が低下していると考えられます。

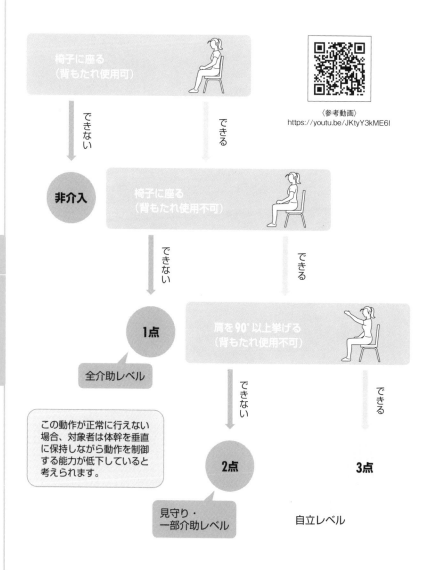

③立位：椅子からの立ち上がり

椅子から立ち上がるには、重心を支持基底面（お尻の下）から一旦外し、新たな支持基底面（両足の間）に移動させる必要があります。①②よりも動的な体幹の制御が必要です。

椅子からお尻をあげる
※支えの使用可

〈参考動画〉
https://youtu.be/oYaSDChX5no

できない → 非介入

できる ↓

❶ 臀部から足部へ重心を移動しスムーズに立ち上がる
❷ 座る直前まで足部に重心を残し、スムーズに動く
※どちらも支えの使用可

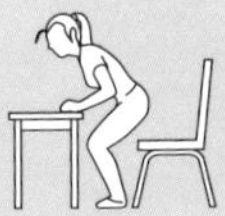

できない → 1点
全介助レベル

できる ↓

❶ 臀部から足部へ重心を移動しスムーズに立ち上がる
❷ 座る直前まで足部に重心を残し、スムーズに動く
※どちらも支えの使用不可

できない → 2点
見守り・一部介助レベル

できる → 3点
自立レベル

この動作の可否を評価することで、より高度な日常生活動作（例えば車椅子からトイレへの移動、乗車などの移乗動作）が行えるかを判断することができます。

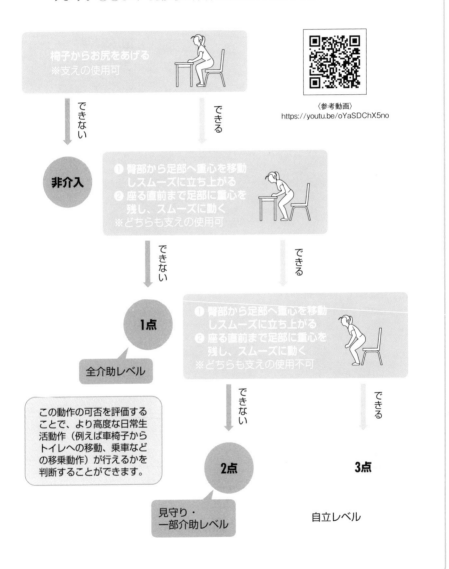

④片脚：片脚立ち

①②③が問題なく行える利用者に対しては、片脚でバランスがとれるかを評価します。問題なく行える対象者は、適切な体幹制御機能、下肢筋力、重心制御機能を保持していると判断できます。

支えを使って1秒以上
片脚を上げる

〈参考動画〉
https://www.youtube.com/watch?v=qQvIl0hxJf4

できない → **非介入**

できる →

❶ 支持脚足部と頭部のアライメント[※1]が床面に対して垂直上にある
❷ 肩・骨盤のラインが平行にある
※どちらも支え使用可

できない → **1点**

全介助レベル

できる →

❶ 支持脚足部と頭部のアライメントが床面に対して垂直上にある
❷ 肩・骨盤のラインが平行にある
※どちらも支え使用不可

できない → **2点**

見守り・
一部介助レベル

できる → **3点**

自立レベル

片脚立ちが困難な場合、自身で他所に移動する際に、転倒等のリスクが高いと考えられます。

※1：身体の姿勢。人の骨格の配列・並びのこと。

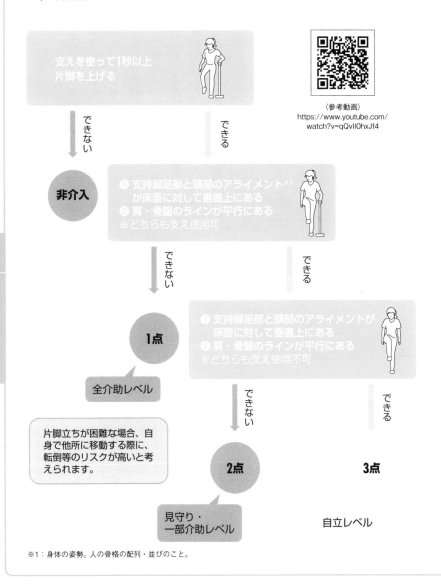

（4）機能訓練メニューを考える

4MSで各フェーズのスコアがわかったら、次は機能訓練メニューを考えていきます。

ADL向上のためには、4つのコントロールフェーズの動作を行うのに必要な身体機能を十分に獲得する必要があります。そのためには、**人間の発育発達過程を理解し、利用者が失っている身体機能を再獲得するために必要な機能訓練を検討する**ようにしましょう。

人間は、まず泣くことから始まり、頭部と頸部のコントロール（定頸）、股関節の運動、うつ伏せ……歩行、昇降、走行の順で運動機能を獲得します。基本的には、後者になるほどコントロールするのが難しくなるため、利用者の機能不全を発見した後に処方するエクササイズ等では、機能不全がみられる動作に対し、発育発達の獲得機能を活用した内容にします。

利用者へ提供する機能訓練は、きちんと動作を獲得できるようになる（効果が発揮される）ものでなければなりません。

【例】4MSを行い立位コントロールフェーズが一番低かった
→立位コントロールフェーズの動作を獲得できる機能訓練を行う

（5）課題が同じ人同士で機能訓練を行う

4MSを使用することで、ターゲットフェーズ別に利用者を分けることが可能となります。同じ目標を持った利用者同士がグループになることで「機能訓練の質の向上」と「生産性の向上」を同時に図ることができるようになります。また、ターゲットフェーズにフォーカスすることで、利用者の機能訓練メニューに対する理解度もあがり、機能訓練に取り組むモチベーションの向上にもつながっていきます。

もし、獲得しなければならないターゲットフェーズは同じだが自立度（1点・2点等）が異なる利用者同士の場合は、同じエクササイズのなかで与える条件を「1点→アシスト、2点→自立、3点→外乱負荷」と変えてみましょう。そうすることで、同じグループで機能訓練を行うことが可能となります。

フィードバック票と4MSの連携

LIFEはあくまで「サービス提供によって利用者がどのように変化したのか」を伝えてくれているツールです。つまり、利用者のADLを向上させるためにどのような機能訓練メニューが必要なのか、を考えることが大事です。ケアスマイル青森では「LIFE（事実）→4MS（解釈）→機能訓練メニュー（解決策）」を行い、ADLの向上とLIFEでのよりよい評価につなげています。

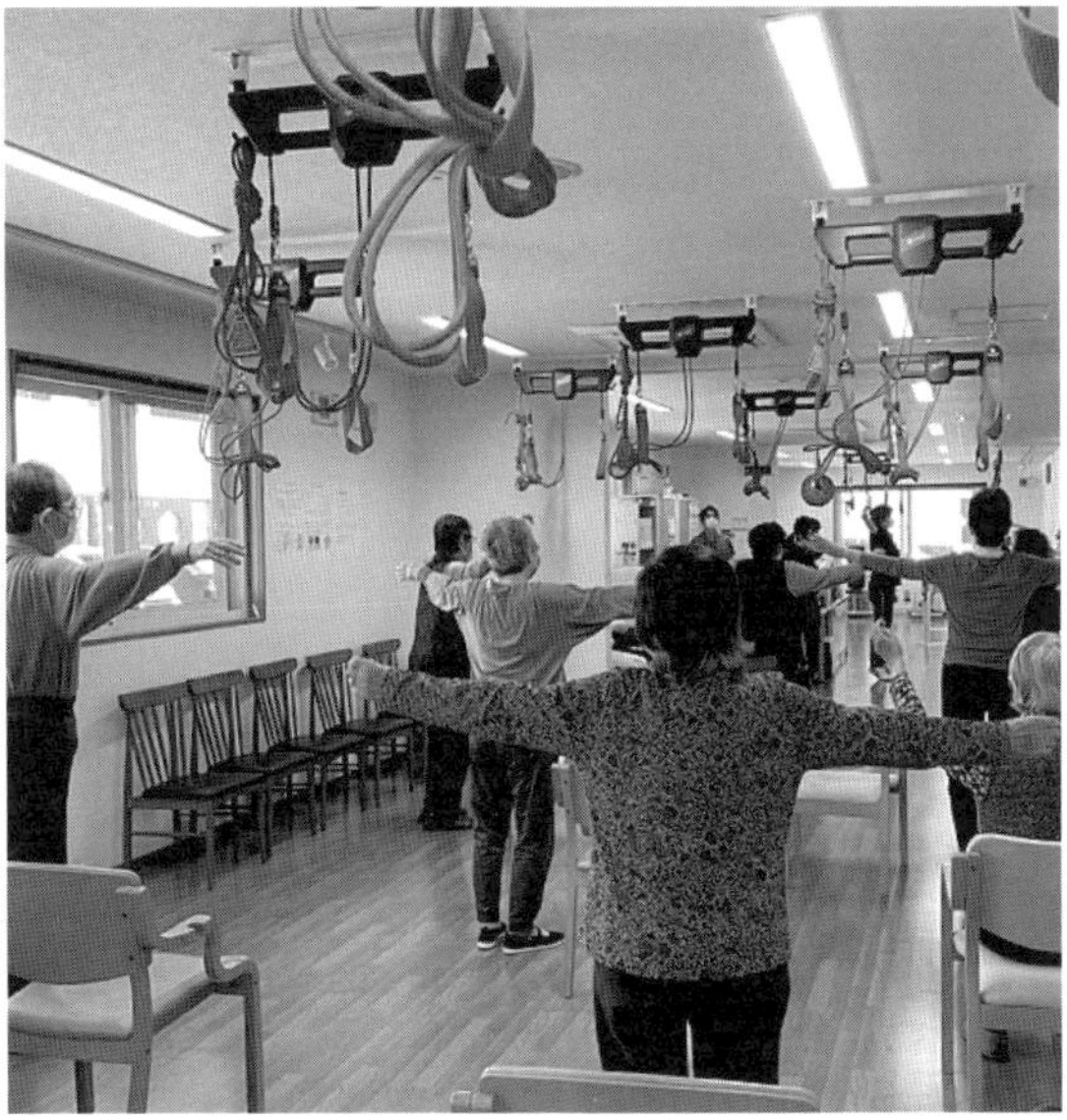

グループエクササイズの様子

なぜＦＩＭがＡＤＬの評価指標ではないの？

BIは「できる動作」を評価するものであるのに対し、ＦＩＭは「している動作」を評価するものです。

LIFEではBIを使用

医療系サービスでは、ＡＤＬ評価指標としてＦＩＭ（Functional Independence Measure）を使うことが多いです。ＦＩＭは、運動項目13項目、認知項目5項目の合計18項目からなり、各項目1～7点で評価します。**BIは「できる動作」を評価する**ものであるのに対し、**ＦＩＭは「している動作」を評価するもの**です。

通所リハビリテーション等の医療系サービスの職員等は、ＦＩＭでの評価のほうが慣れているため、BIよりもＦＩＭを求める人も多いと思います。

しかしながら「BIは知っていてもＦＩＭは全くわからない」という介護職員が多く、また、**BIは素人でも評価しやすい**ため、介護保険制度ではBIが用いられています。

将来的にLIFEは医療データベースとの連携が予定されているため、今後いずれかに統一される可能性は捨てきれません。

BI・FIMそれぞれの特徴

	BI	FIM
項目	日常生活動作全10項目	運動項目13項目 認知項目５項目の合計18項目
採点	自立度に応じて15点・10点・5点・0点で採点	各項目１～７点で評価
評価対象	できる動作	している動作

第4章

フィードバック票の活用

「フィードバック票がないとLIFEを活用することができない」と認識されていたら、それは間違いです。フィードバック票は単なる結果であり、ツールです。とはいえ、フィードバック票を上手く活用することで、業務の標準化が実現しLIFEの効果は格段にあがります。ここでは、フィードバック票の見方と、フィードバック票に依存しないLIFEの活用方法について解説します。

28 LIFE委員会を設ける

LIFE委員会はLIFEの効果的な活用だけでなく、職員のスキルアップにもつながります。

委員会でLIFEの情報を検討しよう

LIFEを上手く機能させるためには、多職種が連携して、利用者の状態の改善に取り組む必要があります。そのために**LIFE委員会の編成**と、**定期的な委員会の開催**を検討されてはいかがでしょうか。

LIFE委員会は事業所ごとに設置します。複数の事業所が併設している場合、拠点ごとに編成しても大丈夫ですが、利用者が多いと効率的ではありません。利用者の状況を日頃から把握している職員が委員として参画する、**事業所単位での設置**が現実的です。

委員会を開催する頻度は?

3か月に1回のペースでLIFEへ情報提供をする加算が多いため、**3か月に1回程度の委員会の開催**が最低限必要となります。利用者数が多い場合は、毎月開催してもよいでしょう。

すべての利用者のフィードバック票を確認しようとすると膨大な時間が掛かります。**前回の評価指標の数字から動きのある利用者**にしぼって、検討するかたちで進めてみましょう。大きな変化がない利用者については、サービス担当者会議等で検討すれば足ります。

検討をより有効なものにするために

ADLの評価指標であるBIを活用して利用者を評価する場合、リハビリ職だけで評価・分析・検討すると、リハビリ職の視点のみの解釈となってしまいます。このとき、例えば介護職員・看護職員・生活相談員等が参加することで、各職種の視点からの分析が行われ、幅広い解釈ができます。同時に知見も拡がります。結果として、各職種のスキルアップや施設・事業所のケアの質の向上につながっていきます。これが多職種連携のメリットであり、目的といえるでしょう。

多職種会議を開催するための工夫

多職種連携における最大の課題は、介護業界の慢性的な人材不足です。また、各職種が参加するカンファレンスを行う時間が確保できないという事業所も多いでしょう。**各加算の算定要件である多職種協働**についても、事後報告に近いかたちで終わっているケースを多く見かけます。しかし、それでは各職種の知見が拡がりませんし、前述したメリットが獲得できません。

コロナ禍では、いかに短時間で効率的に業務を実施するかが注目されました。そのなかで活用されるようになってきたものに**「オンライン会議」**があり、事業所に送られてくる通知でもオンライン会議に関する記載が増えてきました。多職種会議の場でも、このシステムを利用することをおすすめします。対面での会議だとどうしても発生してしまう無駄話やスタート時間の遅れ等がなくなり、時間を有効に使えるようになったとの意見も多くあります。オンライン会議とリアルの会議をうまく使いわけるとよいでしょう。

LIFE委員会でフィードバック票を検討しよう

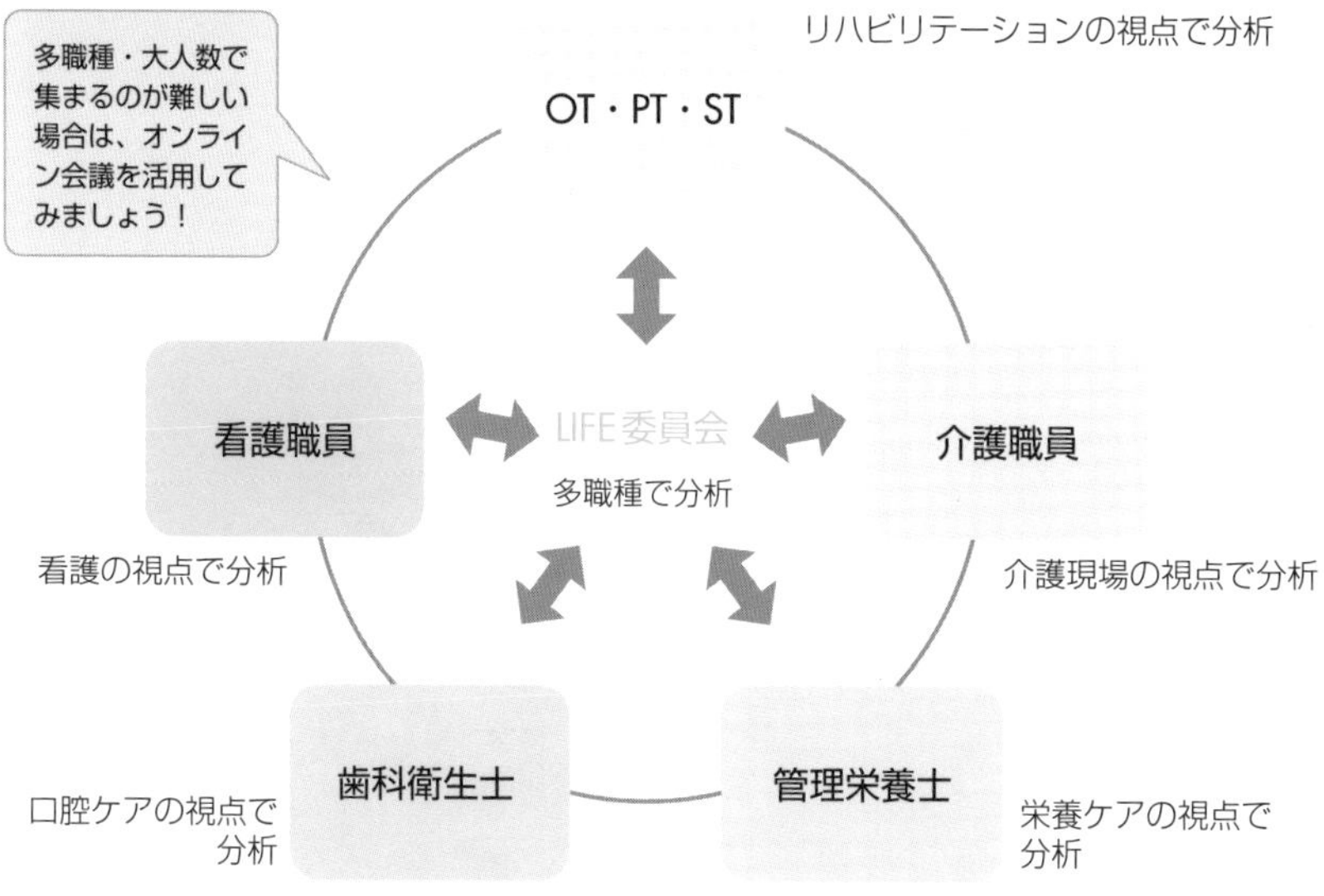

29 介護施設・事業所における体制

組織的にフィードバック票を活用できるような基盤をつくりましょう。

経営者層とミドル層が重要になってくる

ケアの質の向上のためには、介護施設・事業所が一体となってLIFEに取り組むことが必要です。短期的な成果を目的とするのではなく「利用者ごとの状態や意向に基づくケア計画の作成」→「ケアの実践」→「ケアの評価」→「評価に基づく計画の見直し」という一連の流れを継続して繰り返し、**中長期的にケアの質を向上させることを目的**としましょう。

日々の多忙な業務のなかで、これらの目的を浸透させて具体的な業務プロセスを構築・定着させるためには、経営者層と具体的な取り組みを行うミドル層が重要となります。これから解説する各職員の役割を参考に、施設・事業所内で役割分担を行い、施設内でしっかりと目的を共有しましょう。

〈経営者層（トップ層）の役割〉

トップ層は、LIFE活用の意義を理解し、目的の実現に向けて介護施設が一体となって取り組むことができるよう主導する役割を担います。そのためには**「職員の意識」**と**「業務プロセス」**両方の観点からのアプローチが必要となります。改善に向けた取り組みが介護職員へ浸透するように、まずはミドル層を中心としたマネジメント体制を構築していきましょう。

〈ミドル層（管理者、責任者等）の役割〉

LIFE活用に向けた取り組みの際には、職員の意見をなるべく広く集めることが重要です。

ただし、役割や経験の異なる職員が、全員同じように取り組むことは難しいと思います。そこで、**ミドル層が中心となってLIFE委員会をつくり**、LIFEの活用に向けた具体的な活動を設定し、介護職員へ浸透させていくことが重要となってきます。

また、取り組みのなかで、行動が目的とならないよう注意する必要もあります。例えば、これまで電子データとして記録してこなかった情報を電子的に記録する必要があるとき、データを記録することが目的になってしまう場合があります。しかし、ケアの質の向上を目指すにあたってデータはあくまでも「材料」であり、目的ではありません。データを活用するためには、まず記録することが必要ですが、記録だけが目的とならないように留意する必要があります。

〈介護職員の役割〉

介護職員は、利用者の状態を評価したうえで、各利用者の希望や要望を踏まえて、適切なケアを提供していく役割を担っています。すべての利用者が質の高いケアを受けることができるように、まずはBI等の評価指標を用いて、**介護職員の誰もが同じように評価できるようになる**ことが先決です。そして、計画書やフィードバック票、日々の利用者との関わりを通して把握した情報を踏まえ、ケアの改善に取り組みましょう。

また、自らの役割を理解し、**定期的に評価指標を用いて担当しているすべての利用者を評価**しましょう。

LIFE活用における各職員の役割

■ 経営者層

・LIFE活用の体制を構築する（研修・マニュアル作成）
・「職員の意識」と「業務プロセス」の2視点を大切に

■ ミドル層

・LIFE委員会を編成し、具体的な活動内容を設定する
・LIFE活用に用いる手段が目的とならないように注意する

■ 介護職員

・介護職員全員が同じように評価を行えるようになる
・フィードバック票を分析し、ケア改善に努める

30 フィードバック票の構成

フィードバック票ではケアによる成果が見えます。ポイントをきちんと押さえておきましょう。

ポイントは時系列の推移グラフ

LIFEのフィードバック票は、主に2種類のグラフで構成されています。まず1つ目は、自施設・事業所の利用者に関するデータが棒グラフ（時系列）で、LIFEにおける全国平均値が折れ線グラフで表されているものです（グラフのかたち①）。もう1つは、施設全体を100％とし、それぞれの項目（選択肢）の割合がどの程度なのかを、棒グラフで表したものです（グラフのかたち②）。

これらのグラフを、**各専門職の立ち位置で分析して委員会に持ち寄り**ます。例えば、4月では全介助が20％、7月では15％、10月では20％だった場合、この変動の要因を多職種で検討して改善につなげます。また、検討段階で全国平均値が23％だった場合「全国平均値より自施設・事業所のほうが全介助は少ない」ということがわかります。このように、LIFE活用のポイントは、**時系列の推移グラフから利用者の状態の変化を把握する**ことといえます。

データの積み重ねが財産となる

事業所別フィードバック票では、全国値と比較したときの自事業所の立ち位置がわかります。また、自事業所のよい点・悪い点を理解することもでき、改善ポイントを知ることに役立ちます。

利用者別フィードバック票は、時系列に利用者の状態変化や課題を把握して、今後のサービス提供の改善につなげることに役立つでしょう。

LIFEの活用を積み重ねることで、利用者ごと、施設・事業所ごとの時系列の推移データが蓄積されていきます。これが財産となり、独自のエビデンスとなっていくのです。

フィードバック票のグラフのかたち

グラフのかたち①（例：経腸栄養法の利用者の割合）

・自施設・事業所の利用者：棒グラフ
・全国平均値：折れ線グラフ

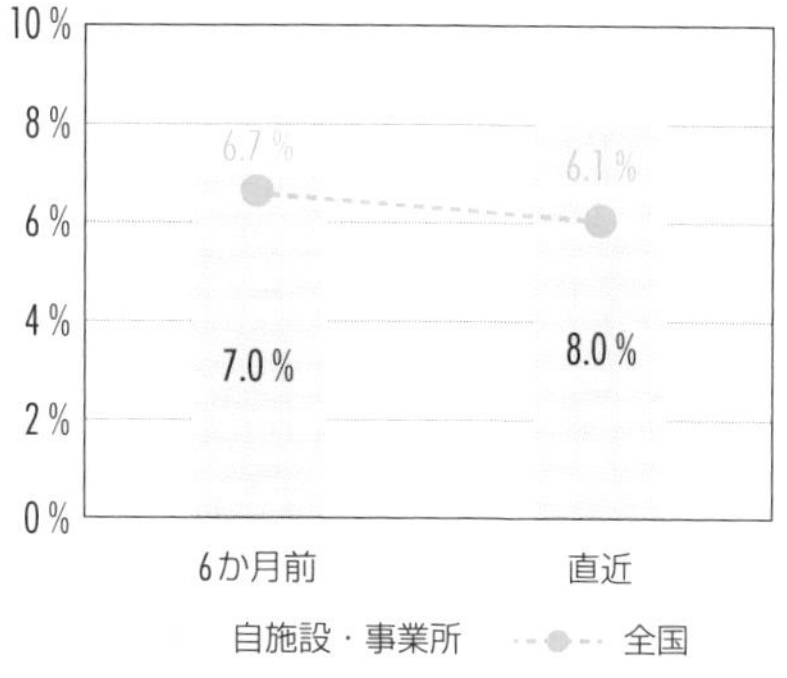

グラフのかたち②（例：体重減少率）

・自施設・事業所の利用者：左側の棒グラフ
・全国平均値：右側の棒グラフ

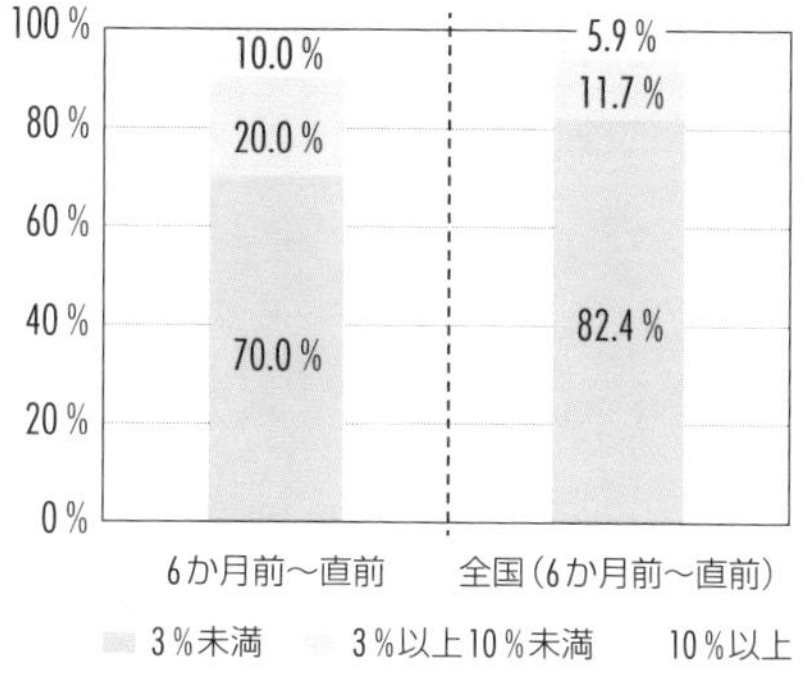

事業所と利用者のフィードバック票の違い

	事業所フィードバック票	利用者フィードバック票
概要	利用者のADLや栄養、口腔機能等に関する状態を事業所・施設単位で分析し、同様の介護保険サービスを提供する他事業所・施設との比較結果や過去からの変化を把握するための帳票です。	ADLや栄養、口腔機能等に関する状態について、自事業所・施設の利用者個別に分析し、要介護度等が同程度の他利用者との比較結果や過去からの変化を把握するための帳票です。
活用目的	自事業所・施設における特性や、利用者の特徴及びケアの特性を認識し、提供するケアの改善に活かすことが可能です。	各利用者のケアの目標や問題点、提供しているケアや状態を把握し、提供するケアによる改善状況を評価し、必要に応じて目標やケアの見直し等を行うことが可能です。
活用例	・自事業所・施設の利用者像の把握 ・ケアの実施状況の把握 ・ケアの結果の把握 ・ケアの在り方の見直し ・施設内の管理指標としての活用	・利用者像や課題の把握 ・ケアの実施状況の把握 ・ケアの結果の把握 ・利用者や家族への説明 ・職員間での情報共有

データだけで検討するのではなく「どのような状態を目指していたか」「どのようなケアを行ったか」も合わせて、解釈をしましょう。

※「ケアの質の向上に向けた 科学的介護情報システム（LIFE）利活用の手引き」（厚生労働省）（https://www.mhlw.go.jp/content/12301000/000962109.pdf）（2023年2月時点）に著者吹き出し加筆

31 フィードバック票の活用（利用者別）

それぞれの加算・評価項目の役割を理解したうえで、委員会にて意見を共有しましょう。

フィードバック票活用時の留意点

利用者別フィードバック票では、前回提出した際の数値と比較して算出された数値が提供されます。変化の状況は、矢印（アップ・ダウン）で示されます。これらを活用して、まずは利用者ごとの現在の状況と時系列の推移を確認することから始めましょう。

また、指標の数値と変化は①**必ずしもケアや状態の善し悪しを反映しない**こと、②背景や介護サービス利用目的・期間中に取り組んだ内容・ほかのサービスの利用状況等、**多様な要因が変化に関連する**こと、この2点を理解したうえでデータを解釈するようにしてください。そして、利用者の変化や提供した介護サービスの取り組み状況を考慮して、委員会等で結果を共有・検討し、介護サービスの改善につなげましょう。

実際にデータを見て検討してみよう

〈科学的介護推進体制加算〉

本加算の利用者別フィードバック票では、日常生活自立度、ADL、口腔・栄養、認知症等の項目の数値が提供されます。まずは委員会で各評価指標の**専門職からその指標の意味と所見を教えてもらい**、次に各職種から見た**利用者の日頃の様子を共有**します。

評価指標はそれぞれ密接に関連します。例えば、ADLの低下に伴ってフレイルが悪化し、認知症が進行することが想定できます。ほかにも、食欲の低下がBMIの低下に、口腔状態の悪化が食欲・筋力・ADLの低下につながることもあります。まずは、どの部分を改善すべきかを委員会で議論しましょう。可能な限り委員会を開催し、短時間で多くの利用者のフィードバック票を検討できるようになるとよいでしょう。

科学的介護推進体制加算の利用者別フィードバック票（サンプル）

利用者別フィードバックで示す状態の「変化」について

↑ ↓ は、状態が変化をしていること、→ は状態が維持されている
↑ については良い方向への変化の可能性があり、↓ については必ずしも良い方向への変化とはいえない可能性があります。

ダウン(↓)だけでなく、アップ(↑)した要因も検討しましょう。

■ADL

評価日	6か月前：2021/10/5		直近：2022/4/5	変化
食事	一部介助（5）	▶	自立（10）	↑
椅子とベッド間の移乗	座れるが移れない（5）	▶	座れるが移れない（5）	→
整容	一部介助（0）	▶	自立（5）	↑
トイレ動作	一部介助（5）	▶	一部介助（5）	→
入浴	自立（5）	▶	自立（5）	→
平地歩行	歩行器等（10）	▶	車椅子操作が可能（5）	↓
階段昇降	一部介助（5）	▶	一部介助（5）	→
更衣	一部介助（5）	▶	一部介助（5）	→
排便コントロール	一部介助（5）	▶	一部介助（5）	→
排尿コントロール	一部介助（5）	▶	一部介助（5）	→
ADL合計点（Ba rthel Index）	50	▶	55	↑

ADL（Barthel Index）は、日常生活活動を評価するための指標であり、10項目からなります。合計点は最高100点、最低0点となり、点数が高いほど動作の自立度が高いことを表します。

■認知症

認知症の診断（直近）	アルツハイマー病	血管性認知症	レビー小体病	その他
有り	●			

評価日		6か月前：2021/10/5		直近：2022/4/5	変化
DBD13	日常的な物事に関心を示さない	ときどきある	▶	ほとんどない	↑
	特別な事情がないのに夜中起き出す	ときどきある	▶	ほとんどない	↑
	特別な根拠もないのに人に言いがかりをつける	ときどきある	▶	ほとんどない	↑
	やたらに歩きまわる	ときどきある	▶	ほとんどない	↑
	同じ動作をいつまでも繰り返す	ときどきある	▶	ほとんどない	↑
Vitality Index	意思疎通	反応がない	▶	挨拶、呼びかけに対して返答や笑顔がみられる	↑

※「科学的介護情報システム（LIFE）について<今後発出予定のフィードバック票イメージ>（利用者別フィードバック）科学的介護推進体制加算イメージ」（厚生労働省）（https://www.mhlw.go.jp/stf/shingi2/0000198094_00037.html）（2023年2月時点）に著者吹き出し加筆

〈栄養マネジメント強化加算・栄養アセスメント加算〉

栄養マネジメント強化加算は介護施設、栄養アセスメント加算は通所サービスと看護小規模多機能での提供となります。これらにおいては、低栄養状態のリスク・食生活状況、多職種による栄養ケアの課題、総合評価といった項目の数値が提供されます。

本加算は、**科学的介護推進体制加算の「口腔・栄養」の評価項目を補完するかたち**で活用します。科学的介護推進体制加算のフィードバック票でも同じような項目がありますが、本加算ではさらに詳細となってデータが出てきます。このように、基本的な評価項目は科学的介護推進体制加算のフィードバック票において提供されますが、そのほかの加算を申請することで、さらにデータを深掘りできる構造となっているのです。

〈褥瘡マネジメント加算・褥瘡対策指導管理〉

褥瘡マネジメント加算は、介護老人保健施設・特別養護老人ホーム・看護小規模多機能で、褥瘡対策指導管理は介護医療院での提供となります。本加算では、褥瘡の有無・危険因子の評価、褥瘡の状態の評価といった項目の数値が提供されます。こちらは、科学的介護推進体制加算の項目との被りはあまりありません。そのため**単独の評価指標**といえます。

褥瘡は「寝たきり状態の重度者のリスク」なため、いかにＡＤＬ等を改善するかが事前対策となります。褥瘡が発生した場合の要因分析も重要です。体位交換の頻度とその方法・担当者の知識等、多職種で分析を行い再発防止に努めましょう。必要に応じて介護職員への研修の実施等も検討するとよいでしょう。

活用に必要な事項を委員会で事前に共有

利用者別フィードバック票自体はあくまでも資料であって、それ以上でもそれ以下でもありません。「なぜ、評価指標の数字が変化しているのか」を、**直接ケアを担当している職員が考え、委員会等で共有する**必要があります。ここでは、いかに日頃から問題意識を持って利用者と接してきたかが問われるでしょう。また、**すべての職員が各評価指標の意味を知らないことには始まりません**。委員会には、こういったことを周知させる役割もあるのです。

栄養マネジメント強化加算等の利用者別フィードバック票（一部抜粋）

実施日		3か月前：2022/1/5	直近：2022/4/5	変化
食事摂取量	全体（%）	90	100	↑
	主食（%）	90	100	↑
	主菜（%）	90	100	↑
	副菜（%）	90	100	↑
摂取栄養量／必要栄養量	エネルギー（%）	90.5	97.7	↑
	たんぱく質（%）	83.3	92.3	↑
提供栄養量／必要栄養量	エネルギー（%）	95.2	98.8	↑
	たんぱく質（%）	91.7	96.9	↑
食事の留意事項の有無		有り	無し	
本人の意欲		よい	まあよい	↓

出典：「利用者別フィードバック　栄養マネジメント強化加算・栄養アセスメント加算」（厚生労働省）（https://www.mhlw.go.jp/content/12301000/001015744.pdf）（2023年2月1日時点）

各加算の役割を知ろう！

科学的介護推進体制加算

評価項目「口腔・栄養」内の
低栄養状態のリスクレベル、
栄養補給法、食事摂取量

と

栄養マネジメント強化加算・
栄養アセスメント加算

食事の形態、主菜、本人の意欲
食欲、食事の満足度

いくつか項目が似ている・被っている→科学的介護推進体制加算を補完する役割！

科学的介護推進体制加算

と

褥瘡マネジメント加算・
褥瘡対策指導管理

被っている項目が少ない→単独の評価指標！

32 フィードバック票の活用（事業所別）

厚生労働省が発表しているサンプルデータをもとに、分析・解釈の方法を見ていきます。因果・相関関係を考慮するのがポイントです。

要介護度・年齢

まず「要介護度」のグラフで「直近」と「全国（直近）」を比較すると「要介護5」の割合がそれぞれ13％（当施設・グラフ左側）と6％（全国平均・グラフ右側）となっており、当施設が全国平均の約2倍の状態だとわかります。この場合「当施設は全国平均と比べて、要介護5の利用者の割合が高い」といえます（要介護1〜4の数値はほぼ似ている）。

また「年齢」のグラフからは「当施設では90歳以上の利用者の割合が高い」ことがわかります。ここでわかったことをもとに、次のデータを見てみましょう。

※図のサンプルデータは「科学的介護情報システム（LIFE）について（今後発出予定のフィードバック票イメージ）」「事業所フィードバック科学的介護推進体制加算」（厚生労働省）（https://www.mhlw.go.jp/content/12301000/000949390.pdf）をもとに著者作成

サンプルデータ※①要介護度・年齢

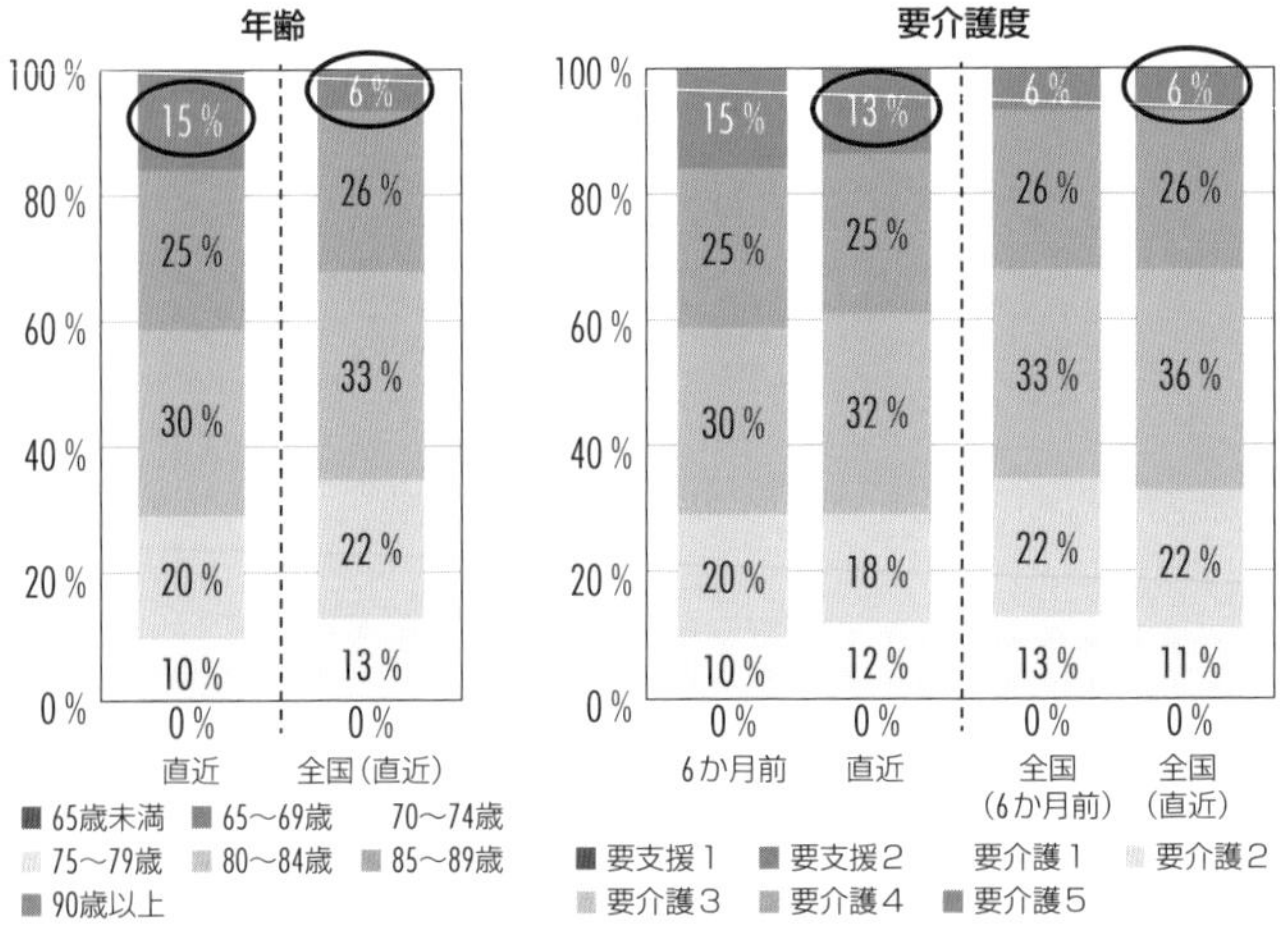

当施設は全国平均と比べて、要介護５の利用者が多い

日常生活自立度

前項目から、全国平均よりも当施設には「要介護5」で「90歳以上」の利用者割合が高いことがわかりました。そこで「認知症高齢者の日常生活自立度」の「直近」と「全国（直近）」を見ると「自立」している利用者が6・0％（当施設）と6・7％（全国平均）で「自立している認知症高齢者の割合はやや低い」と読み取れます。

また「障害高齢者の日常生活自立度」のグラフでは「自立」している利用者が3％（当施設）と5・6％（全国平均）となっており「自立している障害高齢者の割合も全国平均より低い」ことがわかります。このことから、90歳以上・要介護5の利用者が多いため、全国平均よりも自立している利用者の割合が低くなっていることが想定できます。

様々な指標が因果関係もしくは相関関係にあります。また、今後どの方面の事業を積極的に進めていくか等、実態を踏まえたうえで経営理念・方針に働きかけていくことができるようになります。

サンプルデータ※②日常生活自立度

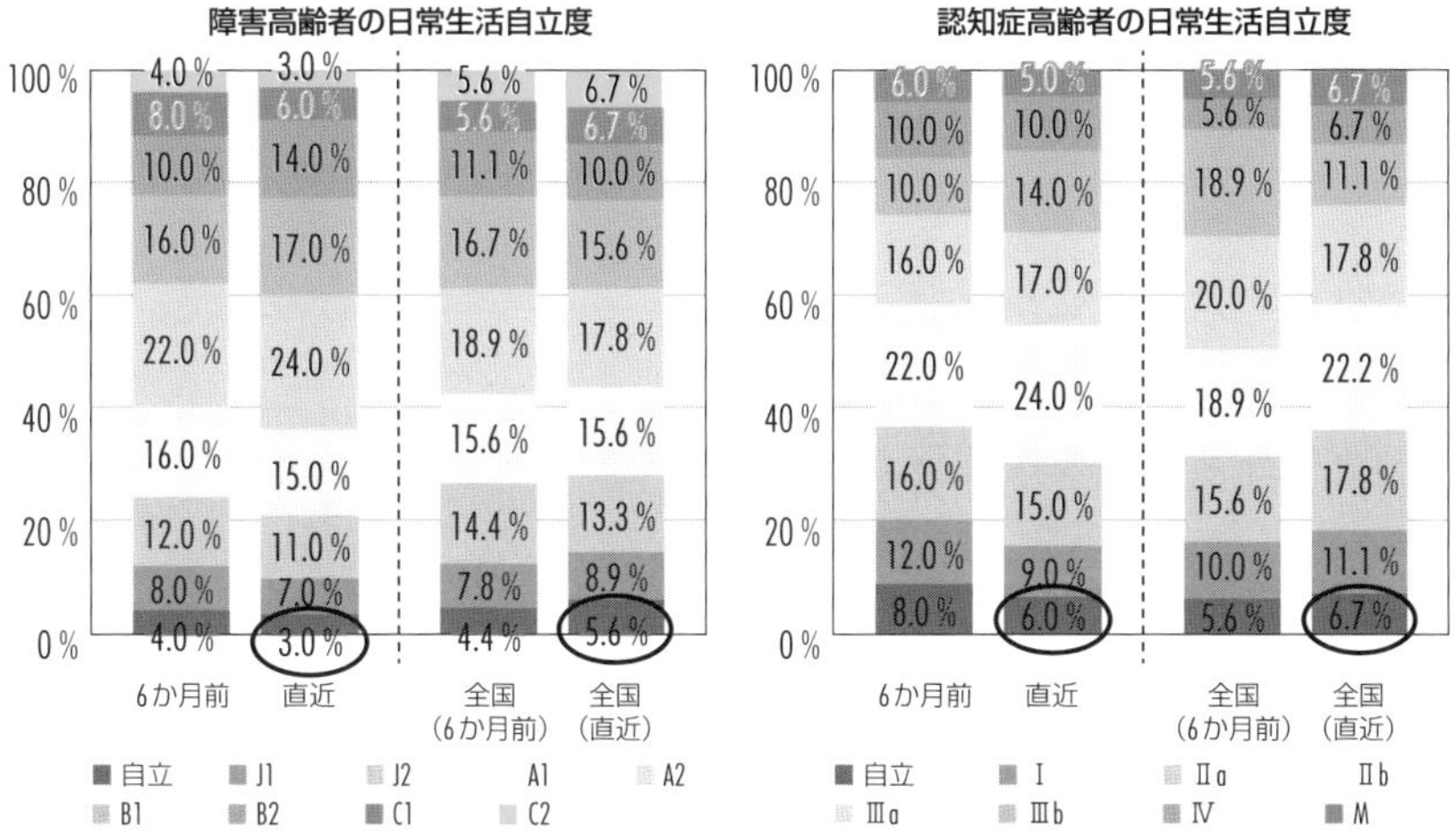

90歳以上・要介護5の利用者が多いため、全国平均よりも
自立している障害・認知症高齢者の割合が低くなっている（仮説）

BMI・体重減少率

「BMI」のグラフの「直近」と「全国（直近）」を比較すると、肥満状態といえる「30以上」の数値は10％（当施設）と6・7％（全国平均）となっており「当施設の利用者は肥満傾向にある」とわかります（低栄養状態である「18・5未満」の数値は21％と20％でほぼ同割合）。また「体重減少率」のグラフでは「10％以上」の数値が当施設では10％、全国平均では5・9％となっており「当施設の利用者は全国平均よりも体重の減少率が高い」ことが読み取れます。

「当施設の利用者は肥満傾向にある。また、体重の減少率は高い」といった結果から、その原因の仮説を立てて検証していきます。

今回は、次の「食事摂取量」の数値を参考に仮説を立てます。単にBMIの数値だけで判断するのではなく、**関連する評価指標の数字を含めて横断的に見ていくことで、原因を把握しやすくなる**でしょう。

サンプルデータ※③BMI・体重減少率

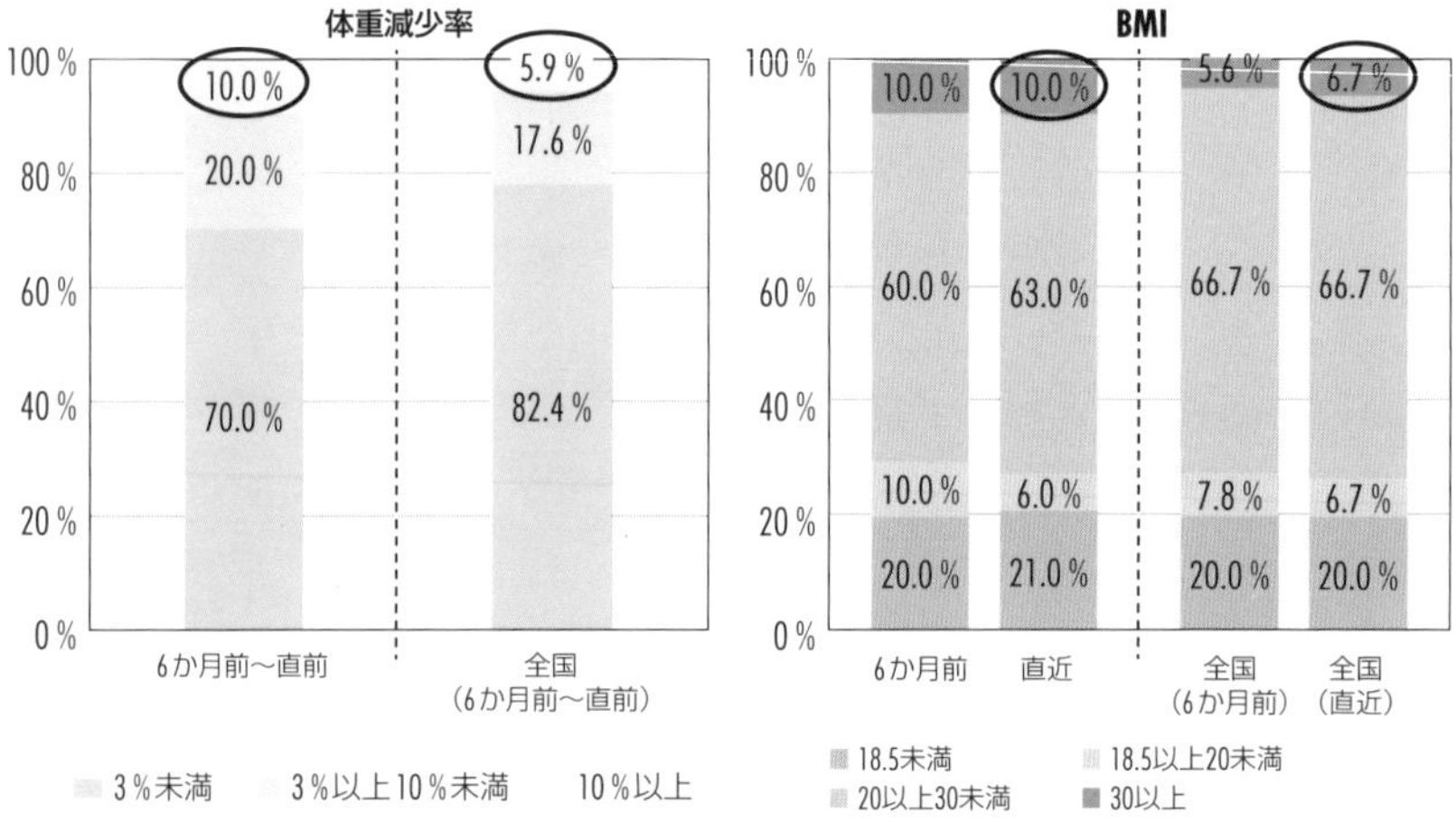

当施設の利用者は肥満傾向にある。体重の減少率は高い

食事摂取量・経口摂取

「食事摂取量（全体）」のグラフで「直近」と「全国（直近）」を比較すると、食事を残さずに食べているといえる「75％超え」が当施設は75％、全国平均は66・7％となっており「当施設の利用者は全国平均よりも食事摂取量が多い」と読み取れます。これは、BMIのグラフから読み取った「肥満傾向にある利用者が多い」という結果と関係してきます。また「経口摂取の維持割合」のグラフを見ると、全国平均（71・4％）よりも当施設（83・3％）のほうが高いことがわかります。加えて「経口摂取になった利用者の割合」では、全国平均（25％）よりも当施設（20％）のほうが低いことから「当施設では、利用者の経口摂取の維持率が高く、全国平均と比較して経口摂取になった人が少ない」と推測することが可能です。このことから、当施設は食事や栄養改善に高い数値が出ていると評価することができます。このような結果が、**介護施設の基本方針と合致しているか確認するようにしましょう。**

サンプルデータ※④食事摂取量・経口摂取

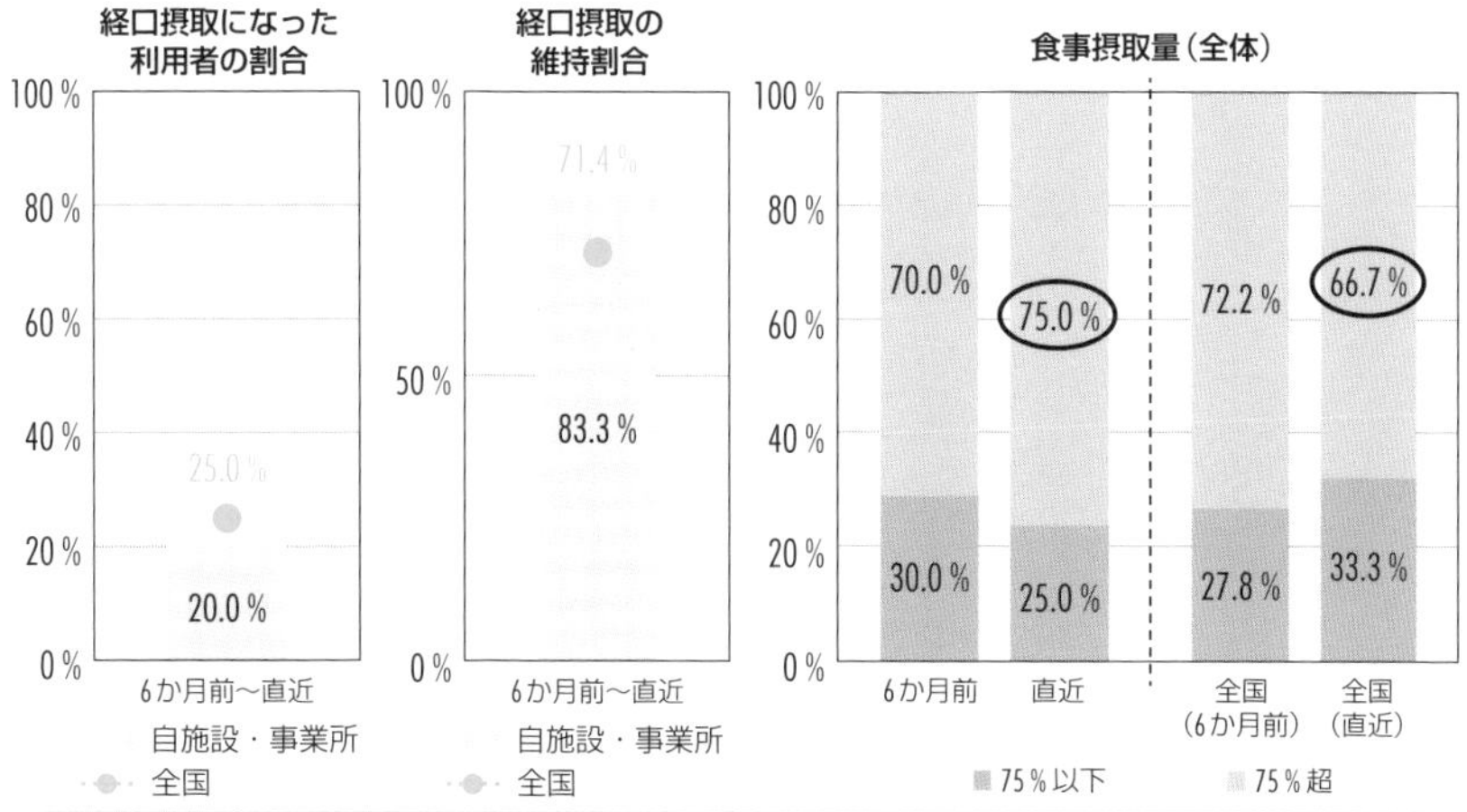

・肥満傾向なのは、食事摂取量の多さが関係している（仮説）
・経口摂取の維持率が高く経口摂取になる利用者も少ない

「口腔の健康状態（施設サービス）」で「直近」（65・0%）と「全国（直近）」（27・8%）を比較すると「当施設の利用者は、全国平均よりも歯・入れ歯が汚れている割合が高い」と読み取ることができます。この点は、当施設の問題といえ、早急に改善が必要なポイントであることがわかります。そのため、今後の対策としては「口腔ケアに力を入れる」が考えられるでしょう。

この場合、**歯科衛生士だけの問題とせず**、多職種による協議を十分に行いましょう。単に「歯・入れ歯が汚れている」という評価で終わらず「前回と今回で数値は同じか」「前回の評価時に、問題点として捉えられず、改善されなかった理由は何か？」等を含めて考えることが大切です。さらには、**日々のケアを担当している介護職員の意見を十分に考慮**して、改善に取り組みましょう。

サンプルデータ※⑤口腔の健康状態（施設サービス）

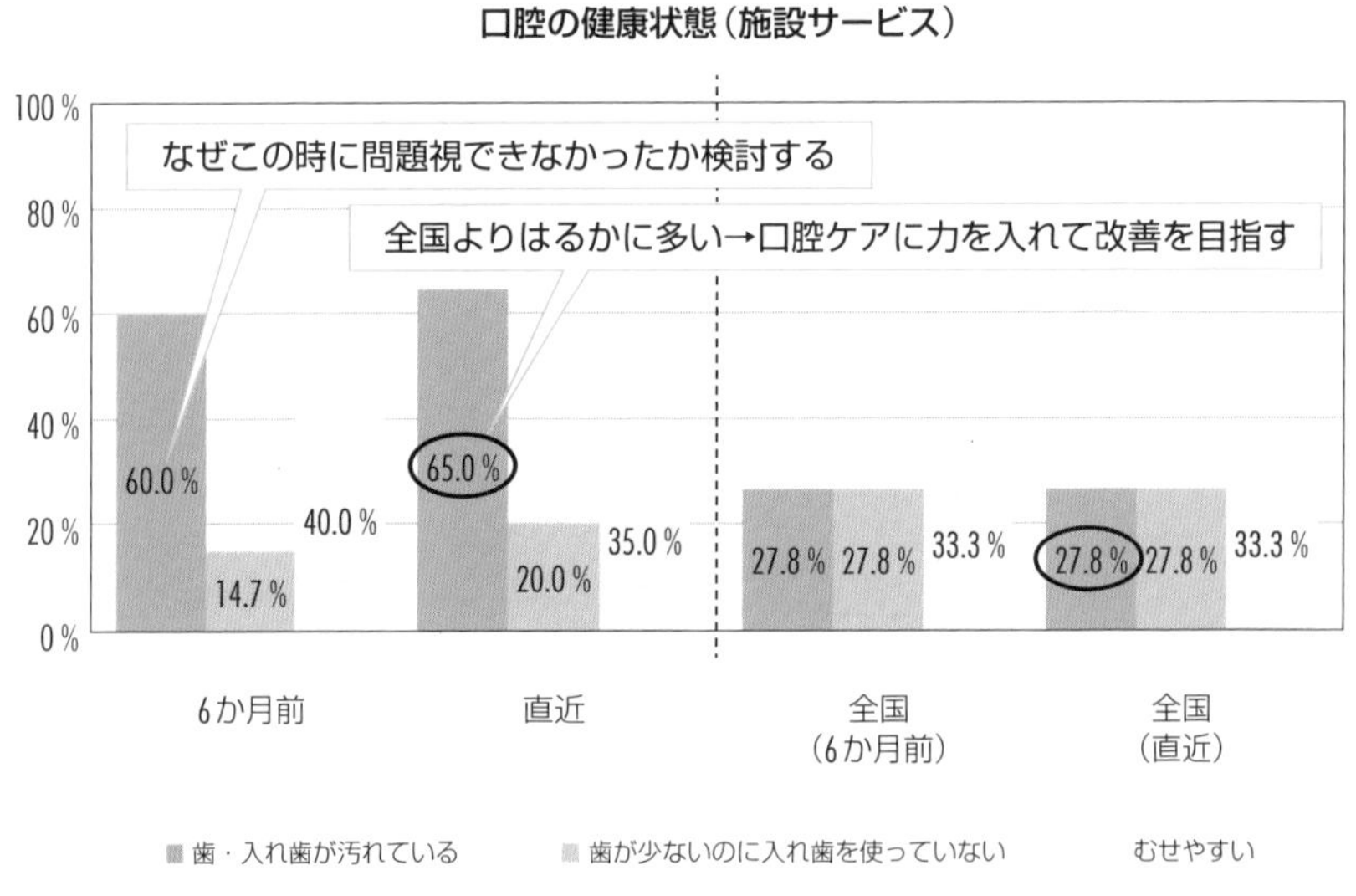

誤嚥性《ごえんせい》肺炎の発生率

口腔の健康状態が低下すると、誤嚥性肺炎の発生リスクが急速に高まります。フィードバック票の「誤嚥性肺炎の発生率」では、全国平均が1・1％に対して、当施設では5・0％と5倍近い値となっています。この数値より「当施設の利用者は口腔の健康状態がよくない傾向にあるため、誤嚥性肺炎の発生率が高まっている可能性がある」（仮説）と考えられます。

誤嚥性肺炎は、高齢者の死亡原因のなかでも割合の高いものの1つです。そのため、高齢者施設としては見過ごせない問題です。LIFEのフィードバック票でデータとして示されているので、知らなかったでは済まされません。

これらの分析・解釈は、それぞれ単体のグラフで判断するだけでなく、因果関係や相関関係を考慮しながら活用していくことで、よりよい分析が可能となるでしょう。

サンプルデータ※⑥誤嚥性肺炎の発生率

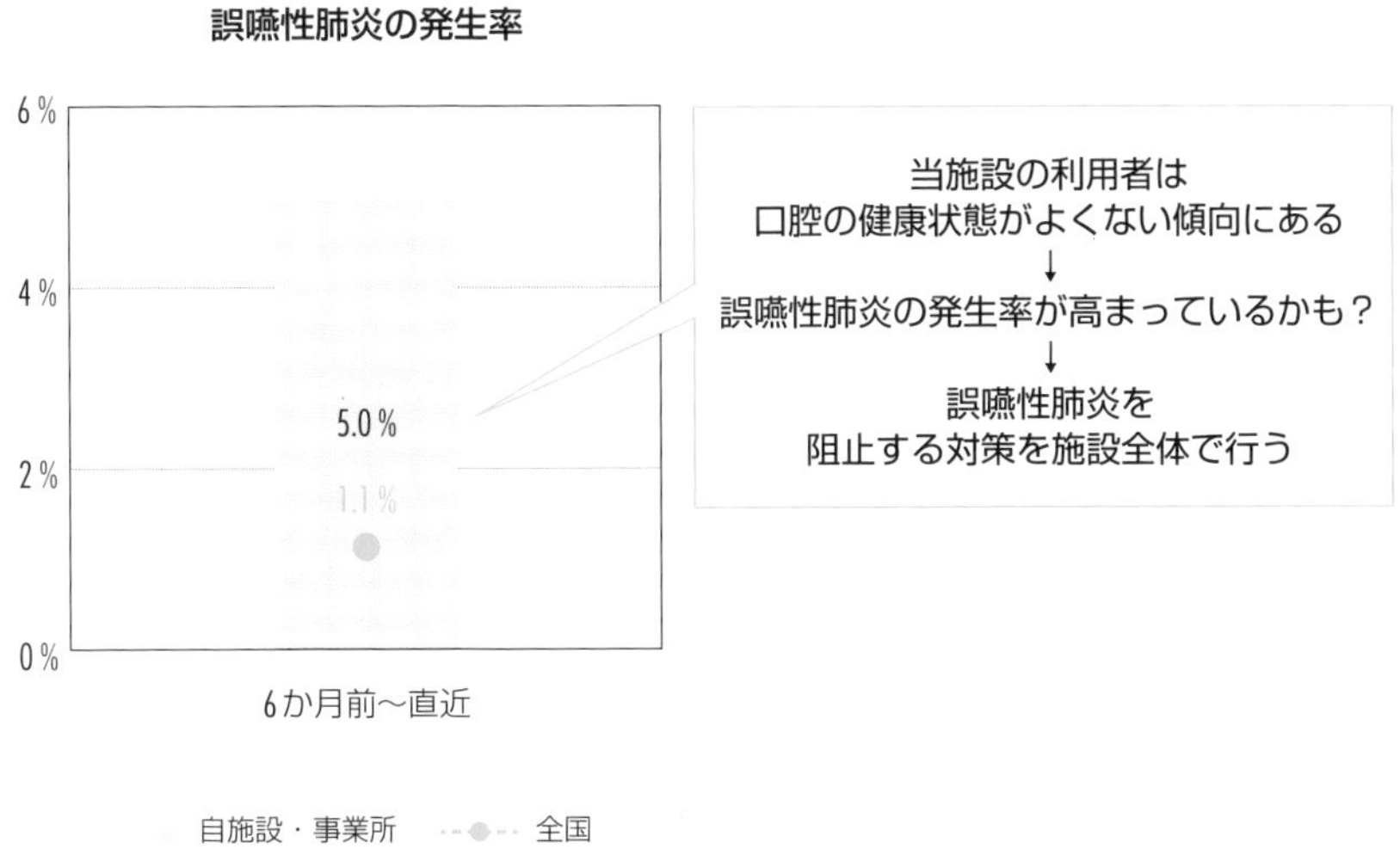
誤嚥性肺炎の発生率
6％
4％
2％
0％
5.0％
1.1％
6か月前〜直近
自施設・事業所
全国
当施設の利用者は
口腔の健康状態がよくない傾向にある
↓
誤嚥性肺炎の発生率が高まっているかも？
↓
誤嚥性肺炎を
阻止する対策を施設全体で行う

33 フィードバック票がなくてもLIFEは活用できる

「評価シート」をきちんと活用することで、他事業所との差別化が可能となります。

評価シートを用いて分析してみよう

令和5年2月現在、フィードバック票の提供がまだ不完全な状態です。ただし、こういった状態でもLIFEを活用する方法があります。ここでは、評価シートを活用する方法について解説していきます。

科学的介護推進体制加算を令和3年4月から算定している場合、令和5年3月時点では、令和3年4月・10月、令和4年4月・10月の計4回の評価シート（利用者単位）が存在しているかと思います。

まずは、これらを**古い順から並べて**ください。利用者は高齢ですので、ほとんどの項目で大きな変化はないでしょう。もし、**変化があった場合にはほかの項目を含めて多職種で検討**していきます。比較すべき全国値は、暫定版の数値で十分です。頭の中で時系列のグラフを描くことで、利用者別フィードバック票と同等のLIFEの活用が可能となります。

分析事例

例えば、ADLの数値を今回の結果と過去のデータで比較します。すると「評価点数は横ばい。一部減少」していたとします。この場合、ADLにしぼって検討すると「リハビリテーションの結果が出ていないため、リハビリテーション・プログラムを見直そう」という結論になるでしょう。しかし、BMIの数値を見てみると、全国値よりかなり点数が低く、低栄養状態であることがわかりました。さらに、食事摂取量のデータを見ると、こちらも全国値よりかなり低いことが読み取れました。これらを、リハビリ職・介護職員・看護職員・管理栄養士等で検討した結果「この利用者は日頃から食事量が少なくて低栄養状態であるため、体力や筋力が衰えている」「これらが要因で、リハビリテーションの成果が出ていない」と判断できました。

この場合の対策は、まず食事摂取量を増やして栄養状態を改善することになるでしょう。栄養状態を改善した後も、ADLの点数が上がらない場合は、リハビリテーション・プログラムを見直せばよいのです。このように、多職種が共同して評価項目を総合的に見ていくことが、ポイントとなります。

評価シートの段階から先行して活用する

評価シートを分析することで、多職種で有効的に利用者の状態を検討できるようになります。フィードバック票が提供されるのは、LIFEにデータを提出してから数か月後です。それを待っていては、時間のブランクが生じて、リアルタイムでの対応がなかなかできません。**フィードバック票が提供されるまでは、評価シートにある数値を活用**してみましょう。

利用者別フィードバック票を待たなくてもLIFEの活用が可能であることに気づくことで、ほかの介護施設に**先行して活用ノウハウを構築する**ことができるようになります。

評価シート（サンプル）（施設サービス）

■データの概要

集計対象年月	2021年12月
サービス	通所リハビリテーション
パターン	割合・平均値

■データ登録者の概要

データ登録者の要介護度別の内訳

	全国
要支援1	11%
要支援2	17%
要介護1	24%
要介護2	23%
要介護3	13%
要介護4	8%
要介護5	4%
計（合計）	100%

データ登録者の年齢階級別の内訳

	全国
40-64歳	4%
65-69歳	4%
70-74歳	10%
75-79歳	14%
80-84歳	21%
85-89歳	26%
90歳以上	21%
計（合計）	100%

34 利用者家族への説明や会議で活用

エビデンスを提示することで、信ぴょう性・信頼性が高まります。

専門職間の共有だけではもったいない

フィードバック票の活用は、施設・事業所内だけに留まりません。例えば、**利用者やその家族と近況や今後の対応についてお話しする際にお渡し**します。このとき、委員会で検討した内容等に基づき説明を行いましょう。フィードバック票は、前回のデータと比較したときの変化が矢印で示されていますので、利用者やその家族にとっても理解しやすい構成です。介護職員等が説明時にエビデンスを提示することで、信ぴょう性・信頼性がより高まります。

また、利用者がほかの施設等を利用していれば、その施設等とデータを共有することで、より有効的な検討が可能となります。利用者がデイサービスとデイケアを利用していれば、**それぞれの施設・事業所での検討結果と解釈を共有**することで、より連携したケアが可能となるでしょう。訪問サービスと居宅介護支援事業所のLIFE活用は令和6年度からとなりますが、すでに活用を進めているのであれば、今からフィードバック票や評価シートに触れておくことで、令和6年度以降もスムーズな活用が可能となります。

リハビリテーション会議でも活用できる

通所リハビリテーションで開催されるリハビリテーション会議においても、同様の効果が期待できます。ほかの担当事業所の参加は最小限ですが、その分、利用者や家族に対してより深い説明と理解が期待できます。最近はコロナの影響もあって、オンライン会議も増えてきました。画面上でフィードバック票を共有することで、利用者やその家族にとってインパクトのある会議になり、他施設・事業所よりも信頼される施設・事業所になることができるでしょう。

職員の役割分担とLIFE活用場面（例）

役割分担の明確化

- ある通所介護事業所では、法人本部の担当者と各事業所の担当者が連携して LIFE の利活用を行っています。
- LIFE の利用開始時に、「毎月のデータ提出時の役割分担」「分からないことが生じた場合の役割分担」を決め、各担当者の役割を明確化したことで、スムーズに対応を進めることが出来ました。

データ提出時の役割分担

確認
見直し・データ提出
確認
記録・データ入力
利用者の状態評価

分からないことが生じた場合の役割分担

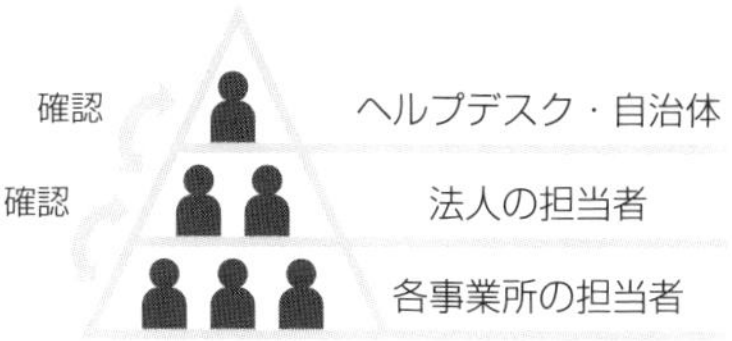
確認
ヘルプデスク・自治体
確認
法人の担当者
各事業所の担当者

利用者への説明

- ある通所介護事業所では、LIFE に関連する加算を算定する前に、利用者や家族の方に理解いただくために丁寧な説明を心がけています。
- 厚生労働省から提示されている資料を参考に、理解してもらいやすい言葉や内容にして説明資料を作成してお渡ししました。
- 特に、継続してデータを把握していくことの重要性については、ご家族に納得いただいたポイントでした。

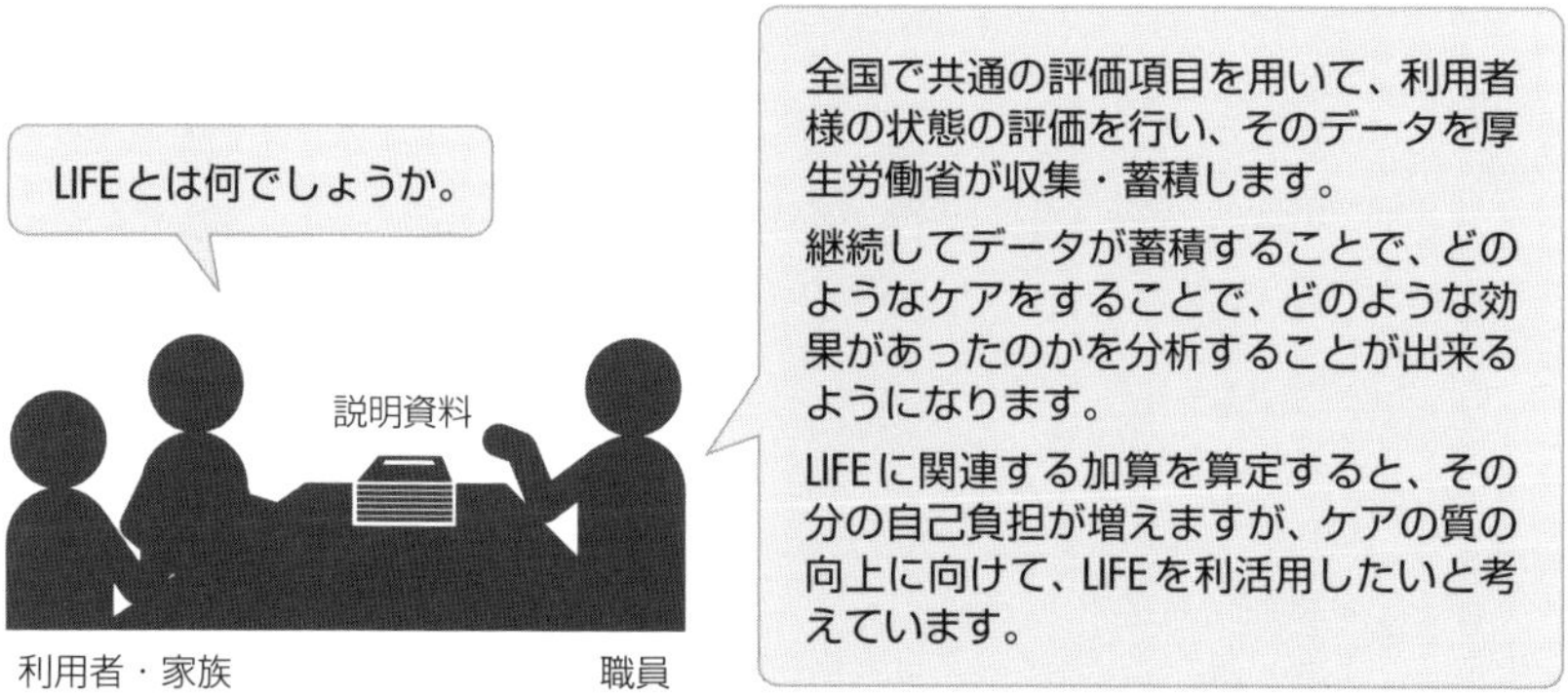
LIFEとは何でしょうか。
説明資料
利用者・家族
職員
全国で共通の評価項目を用いて、利用者様の状態の評価を行い、そのデータを厚生労働省が収集・蓄積します。
継続してデータが蓄積することで、どのようなケアをすることで、どのような効果があったのかを分析することが出来るようになります。
LIFEに関連する加算を算定すると、その分の自己負担が増えますが、ケアの質の向上に向けて、LIFEを利活用したいと考えています。

出典：「ケアの質の向上に向けた科学的介護情報システム（LIFE）の利活用に関する事例集」（厚生労働省）（https://www.mhlw.go.jp/content/12301000/000964348.pdf）（2023 年 2 月時点）

第三者から見たLIFE活用の実態

介護職員が利用者の生活や様子を常に把握している環境を目指しましょう。

LIFEを理解する場を設ける

昨年以降、全国の事業所から「LIFEの対応をどうしたらよいか」と聞かれます。そこで筆者は、3〜5名の委員会を結成し勉強会を開催することを提案しています。ある施設では法改正に備えるために「報酬改定委員会」を設置しており、そのなかにLIFE委員会を発足しました。このように**LIFE委員会以外のチームを設置しておく**ことも、スムーズにLIFEに対応するためには有効です。また、LIFE関連の資料の読み合わせも大切です。そこで重要なのが、①加算の意味を理解すること、②活用する流れ等をイメージできるようになることです。特に②は、試行錯誤されている事業所が多いと思います。まずは、**1人の利用者のフィードバック票にフォーカスをして**、多職種で話し合う場を設けるとよいでしょう。

様々な専門職の意見を聞ける

ある施設の看護師から「介護職の方が常に利用者さんの生活や様子を把握していてすごい」という話を聞きました。この介護施設では様々な会議を実施していますが、フィードバック票を用いた多職種の議論・**介護職員への知識共有**も大切にしています。1〜3か月に1回、このような機会を設ければ、全職員が常に利用者の様子を把握できる環境をつくることが可能となるでしょう。大切なのは、場を設け話し合う機会を無駄と思うのではなく、意味のあるものだと経営者が理解することではないでしょうか。

第5章

LIFE実例・インタビュー

LIFEをすでに導入している施設・事業所の方に、LIFE導入前〜現在までのお話をインタビュー形式でお伺いしました。「どういった気持ちや考えで導入を決めたのか」「LIFEを導入してから困ったこと・よかったこと」等、第5章は現場の人ならではの内容となっています。導入を悩んでいる方や、最近LIFEを導入した・活用方法に悩んでいる方は、よければ参考にしてみてください。

インタビュー

小田原福祉会×小濱道博

早い段階からLIFEを導入し活用している小田原福祉会の井口施設長に、LIFEの実際をお伺いしました。

小田原福祉会理事・
特別養護老人ホーム
潤生園施設長
井口健一郎

LIFE導入前の気持ち

小濱――井口施設長、今日はよろしくお願いします。早速ですが、LIFEを導入する前どういうお気持ちだったか、教えていただけますか？

井口施設長――介護のエビデンスを科学的に分析するということに大変興味を持ちました。ただし「やらなくてはならない」という重圧があると職員たちも苦しんでしまいますので、職員には**「とりあえずやってみよう、厳しかったら途中でやめてもいい」**と伝えました。

小濱――そのとき、LIFEにどんなことを期待していましたか？

井口施設長――LIFEの導入による変化が、介護にどのような影響を与えるのか、という期待が大きかったです。また、LIFEを通して、職員に「結果に対して評価がある」という認識や、**介護そのものに責任を感じてほしい**と思っていました。もちろん職員に不安はあったと思います。一方で、よい仕事をするためにLIFEの導入はやるべきだと考えていたので、職員には「まずチャレンジしてみよう」と伝えました。私たちにとっては未知への挑戦だったので、そこでチャレンジしてくれた職員たちに感謝しています。

LIFE導入～活用の流れ

小濱――なるほど。ではその後、どのようなプロセスでLIFEを導入されたのでしょうか？

井口施設長――まず、部門長会議を開催し「施設長もしっかりかかわってくれるならやりましょう」となりました。また、各専門職がLIFEの全容を見て、**加算ごとにしっかり役割分担**をしていくことになりました。

次に、各加算の提出期限を整理しました。また、現場の介護職員に対して、**理学療法士等がBIの評価方法を教える**ようにしましたが、よかったですね。

その後は介護現場に丸投げではなく、きちんとチェックする体制をつくりました。データとデータオーナー（データ管理者）の二段構えで介護現場から情報を収集し、しっかりと妥当性・整合性を確認したうえで、期日までにLIFEに利用者のデータを提出します。

小濱――役割分担についてもう少し具体的に教えていただけますでしょうか？

井口施設長――はい。主に、私（施設長）は方針・進捗状況・基本情報を入力して確認する作業を担当しています。ケアマネジャーは自立支援促進加算等、理学療法士・作業療法士・歯科衛生士は個別機能訓練加算や口腔衛生管理加算を管理し「**それぞれに責任を持つ**」かたちで行っています。専門職が基本項目をしっかり

専門職ごとの役割分担

施設長

方針・進捗状況の確認・
基本情報を入力して確認する作業

ケアマネジャー

科学的介護推進体制加算・
自立支援促進加算の管理

理学療法士・作業療法士・歯科衛生士

個別機能訓練加算や口腔衛生管理加算の管理

管理栄養士

栄養マネジメント強化加算の管理

看護師

排泄機能、
褥瘡マネジメント加算の管理

認識することで、観察する内容が明確になりました。
小濱——役割分担はとても大切ですよね。ちなみに、現場サイドはいかがでしたか？
井口施設長——看護師・理学療法士・作業療法士に関しては元々医療職で、日頃からエビデンスをベースに目標設定をやっていますから、混乱はなかったです。ただ**介護職では観察に関して個人差が結構ありました**。例えば、今の精神状態・心身状態は、どのようなものから影響を受けているのか。観察では、その根拠を探っていきます。根拠とは、薬や精神面・生活リズム・病気に関するもの等を指します。多職種が「データ」という共通言語を用いて話し合えたことで、観察の視点を揃えられ、とてもよかったと思います。
　また、共通の様式ができたことで、**多職種でカンファレンスを行ったり交流したりするように**なりました。特に介護職に関しては、既往歴や病歴・服薬の状況を自発的に知ろうとするようになってきました。
小濱——そのほか、どのようにＬＩＦＥを活用されているのか、お聞きしてもよろしいでしょうか？
井口施設長——はい。科学的介護推進体制加算の場

LIFE導入から活用までのプロセス

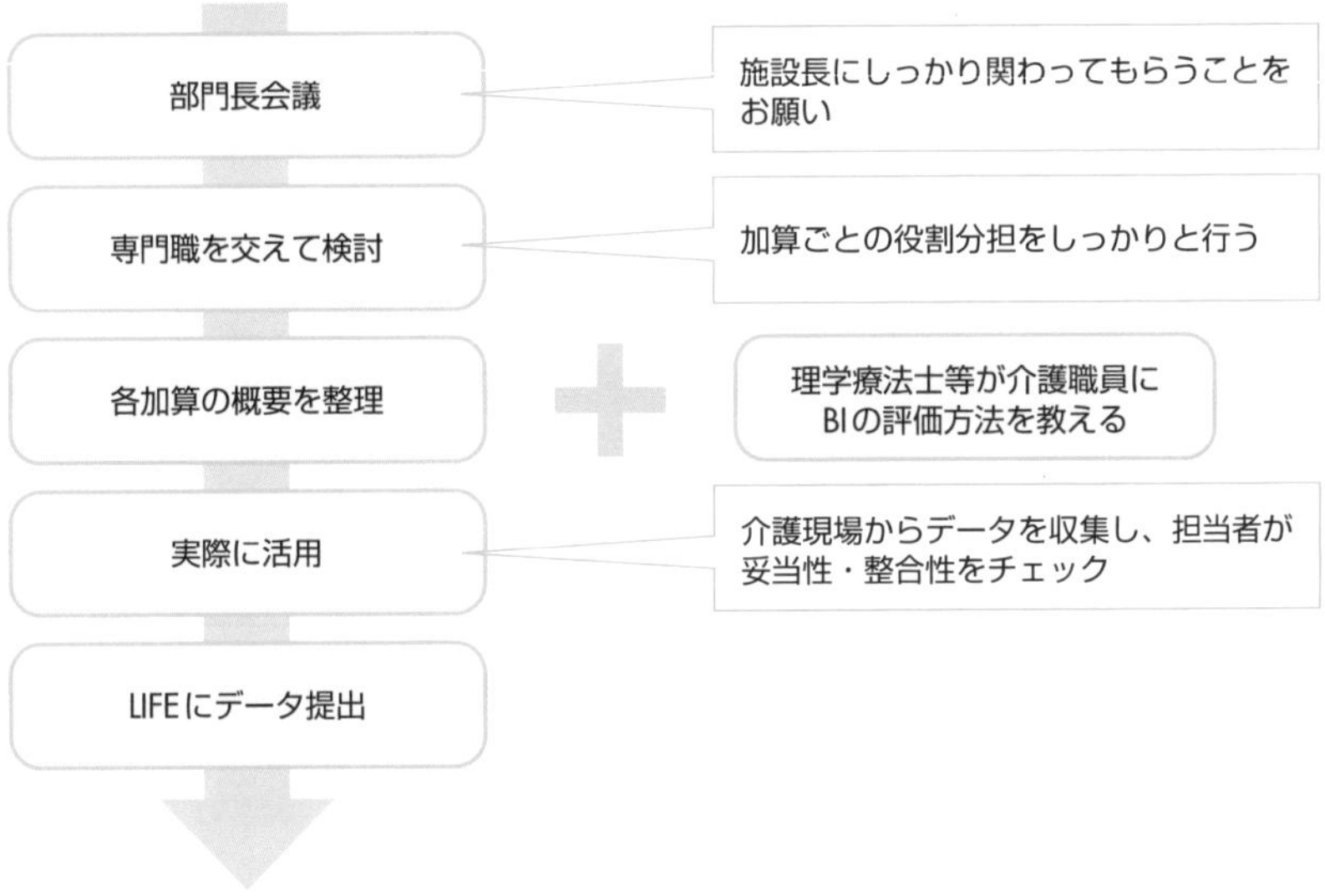
部門長会議
施設長にしっかり関わってもらうことをお願い
専門職を交えて検討
加算ごとの役割分担をしっかりと行う
各加算の概要を整理
理学療法士等が介護職員にBIの評価方法を教える
実際に活用
介護現場からデータを収集し、担当者が妥当性・整合性をチェック
LIFEにデータ提出

合、基本的にはすべての利用者のデータをLIFEに提出します。データは、半年に1回程度評価されます。私どもは元々、小委員会や現場の話し合い等で利用者データを活用し、さらに職員間で「利用者データをどのように分析し、どのように介護に反映するのか」が大体決まっていたので、LIFEの活用によって手間が増えた等はあまりないですね。

小濱――では、職員の反応も悪くなかったと。

井口施設長――そうですね。元々施設では電子記録化を進めていたので、LIFEの導入によって職員の負担が増えたり、退職につながったりはありませんでした。

小濱――新規利用者や、利用をやめられた方等の記録の管理はどうしていますか?

井口施設長――介護記録ソフト上で、ケアマネジャーが管理しています。

介護記録ソフト自体は、すべての専門職が使っています。日常的なケアマネジメントプロセスにおける様々な作業を管理することで、作業効率が高まって楽になり、ミスも減っていますね。

介護記録ソフトを使ってみて……

小濱――介護記録ソフトを使われているとのことですが、いかがですか?

井口施設長――LIFEに関する作業を、簡単に実行できています。クラウド型なので、**職員間の情報共有も瞬時に行える**のがいいですね。

小濱――実際に介護記録ソフトを導入してみて、どのような変化がありましたか?

井口施設長――導入した後は、**業務がとても効率化**されたと思います。介護記録ソフトの活用が組織風土に定着するまでに、ある程度の時間がかかるかもしれませんが、2~3年後には当たり前となっていると思います。

小濱――デイサービスや小規模の施設は介護記録ソフトを使うべきでしょうか? 令和3年度の介護報酬改定で、LIFEが多くの加算に関連づけられましたが、それらを算定しようとすると、入力項目が増えるので手入力は現実的ではないですよね。

井口施設長――一概に「使うべき」とはいえませんが、

効率性・生産性を考えると避けられない道だと思います。導入してできるだけ早く、職員に「楽になった」「ケアのレベルが高まった」と感じてもらうことが大事ですね。

LIFEの導入は、介護記録ソフト等の導入・Wi-Fiの設備・職員の一部残業等、かなりのコストがかかります。費用対効果は、加算収入があればある程度は早期に回収できると思いますが、**小規模の場合早期の回収はなかなか難しいと思います**。やはりスケールメリットがかかってきますね（規模が大きいほうが、メリットを得やすい）。

小濱――なるほど。そのあたりは導入前にきちんと検討したいですね。ちなみに、LIFEから提供される利用者別フィードバック票を活用すると、利用者やその家族の意識も変わったりしそうですか？

井口施設長――そうですね。専門職の間で議論は高まるでしょうし、家族の理解も深まって、様々な相乗効果が出てくるかもしれませんね。ただ、しっかり評価をしないと目標がクリアになりません。その**仕組みをつくることが急務**です。これができれば、現場の負担

介護記録ソフトに利用者の情報を入力する様子

はかなり軽減されます。
　介護計画書をつくるうえで、よいケアマネジャーを育てるのはとても難しく、知識不足が課題になることもあります。自施設では、経験豊かで適格な対応ができるケアマネジャーがいるため、救われている部分ではあります。

小濱――職員やケアの質への影響はどうでしょう？

井口施設長――成果の可視化によって、**自分がやったことの効果・結果がわかる**ことは非常に大きいなと思います。これをきっかけに、利用者の感情や気持ちの部分をさらに見ることができるようになるとよいなと思います。

小濱――LIFEだけではなく、ICT化もかなり進められているとお聞きしています。

井口施設長――そうですね。極力、対面を減らして、どこにいても会議ができるようなかたちにしています。**研修も、YouTubeにアップしたビデオを見る**形式にすることで、何回も同じ研修をせずに済むようになりました。また、**日勤夜勤でも参加しやすく**なり、全員に行き届くようになりました。他施設の情報等も、LINEやSNSで共有しています。利用者の家族にすぐに情報を見せることができる等、とっても便利だなと思っています。
　ほかにも、**オンライン面会**を始めたことで、今まで気づかなかったニーズに触れることができました。遠方の方等と即座につながることができたり、利用者がご自宅の様子を見て懐かしむこともできたりします。レアなケースですが、ご家族が入院またはお子さんが闘病等の場合に、オンラインでつながることで利用者の励みとなることもあります。

これからの「LIFE」「介護」

小濱――これからのLIFEのあるべき姿として、イメージしているものはありますか？

井口施設長――今はまだ、LIFEの活用の仕方に悩んでいる状態です。今後、利用者別フィードバック票の提供等、LIFE自体がレベルアップしていくなかで自分たちは何ができるのか、期待しています。
　LIFEを育てることも、事業所側の役割だと思っています。これまでも、ICTを導入する際に、様々な苦労や失敗をしてきました。しかし、同時に様々な新しい発見もありました。今後LIFEを活用して、よい結果を得ることができれば、職員の自信にもつながると思います。

小濱――今までは「お預かり・お世話」という意味合いが強かった介護サービスが、自立支援を目的としたものに変わりつつあります。自立支援介護を行い、それが成果や結果に結びついていくことについて、どう思われますか?

井口施設長――エビデンスを追求し数値化を進めることで、医療分野は発展を遂げてきたと思います。介護でも、エビデンスを蓄積してデータ化し、それらに基づいて利用者の状況を観察することで、**確実に介護業界全体のケアの質が上がっていく**と思っています。

小濱――ちなみに、成功報酬を介護に結びつけることについてはどうでしょう?

井口施設長――勘違いしがちですが「リハビリで利用者の状態がよくなったから、これはよい介護」とはいえません。本来の介護は「**利用者が安定した生活を送れるようになることを目指していくもの**」です。

介護の正当性を確認するうえで、成功報酬は必要だと思います。不満や苦痛なく、利用者が持っている力を発揮しつつ、職員は利用者に寄り添ってあげることが、エビデンス獲得の第一歩だと思います。

小濱――最後に、読者の方へのメッセージをお願いします。

井口施設長――私自身ICT化は善でも悪でもないと思っています。LIFEについても、ただの手段に過ぎません。その手段によって、職員が楽になったり情報を共有することに役立ったりするならよいと思います。**LIFEについても、ケアの向上につながるなら積極的に導入すればよいでしょう。逆に、負担になるならやめたほうがよいかもしれません。**

新しいことにチャレンジするのは、職員にとって結構なストレスだと思います。そこで一番大切にしてほしいことは、経営者が**職員をしっかり見守って、負担を知り、職員の定着率を上げられるようにする**ことです。また、職員だけではなく、経営者自身もしっかり取り組んでいくことがとても大事だと思います。

第6章

自立支援介護（科学的介護）

科学的根拠に基づいた介護の１つに「自立支援介護」が上げられます。自立支援介護の理論や実践の概要を正しく理解することで、介護事業者がこれから何をすべきかが見えてきます。１つの病気に対する治療方法が様々であるように、要介護高齢者の自立を支援する方法は決して１つではありません。そのなかに、人間の生理学等に基づいた共通する原則があります。本章では、そちらを中心に見ていきます。

35 自立支援と自立支援介護の違い

「自立支援介護」の意味を知り、科学的介護の理論や実践への理解を深めましょう。

自立支援介護を理解する必要性

科学的介護とは「介護者の経験や勘に頼らず、根拠に基づいたケアを行うことで、要介護者の重度化防止・自立支援を行うこと」をいいます。まずは、長年培われてきた生理学や数多くの論文等の科学的根拠に基づき、高齢者が元気になることが体系的にまとめられた「自立支援介護」の概要を理解して、科学的介護の理解と実践につなげましょう。

まずは言葉の使い方から

平成28年11月10日第2回未来投資会議において、安倍総理（当時）は「介護でもパラダイムシフトを起こす。自立支援に軸足を移す」と宣言しました。翌日のニュースや新聞等では「自立支援」が取り上げられましたが「自立支援」と「自立支援介護」をきちんと使い分けられているメディアは皆無でした。しかし**「自立支援」と「自立支援介護」はきちんと使い分けるべき**だと筆者は考えます。

「自立支援介護」とは

「自立支援介護」は国際医療福祉大学大学院の元教授・竹内孝仁氏が提唱したもので、科学的根拠に基づいて、介護全体を「理論」と「アウトカムを伴う実践」で体系づけたものは、筆者が知る限り「自立支援介護」しかありません。先述した平成28年の宣言以降、厚生労働省では「自立支援・重度化防止」が重点項目となり、平成30年の介護保険法の改正ではADL維持等加算がスタート、令和3年の同改正で加算単位が10倍となりました。また、科学的介護やLIFEがスタートしました。このように、様々なかたちで「自立支援・重度化防止」の取り組みが行われています。

科学的介護・自立支援・自立支援介護

■ 科学的介護

重度化防止・自立支援等の効果が科学的に裏づけられた介護サービス。

■ 自立支援

介護保険制度の基本的な考え方。要介護高齢者の自立を支援するために実施される介護。様々な理論・実践方法があってよい。

■ 自立支援介護

介護が必要な利用者が、自立した生活を送れるよう支援すること。科学的根拠に基づき、介護全体を「理論」と「アウトカム（結果・成果）を伴う実践」で体系づけたものを指す（国際医療福祉大学大学院の元教授・竹内孝仁氏が提唱）。

第2回未来投資会議にて

介護でもパラダイムシフトを起こします。これまでの介護は、目の前の高齢者ができないことをお世話することが中心でありまして、その結果、現場の労働環境も大変厳しいものでもありました。これからは、高齢者が自分でできるようになることを助ける自立支援に軸足を置きます。本人が望む限り、介護は要らない状態までの回復をできる限り目指していきます。

見守りセンサーやロボット等を開発し、そして導入し、介護に携わる方々の負担を軽減するとともに、介護現場にいる皆さんが自分たちの努力、あるいは能力を生かしていくことによって、要介護度が下がっていく達成感をともに味わうことができるということは、専門職としての働きがいにつながっていくことではないかと思います。

※「11/10 第2回未来投資会議」（首相官邸ホームページ）（https://www.kantei.go.jp/jp/singi/keizaisaisei/miraitoshikaigi/dai2/gijiyousi.pdf）をもとに著者作成

36 自立支援介護における「歩けること」の重要性

ADL・IADLは「マスターしたい動作」と「そこまでの移動動作（歩行等）」の組み合わせです。

自立支援介護の3つの特徴

自立支援介護の特徴として、(1)介護職が中心に行うこと、(2)「歩行」に着目していること、(3)近年脳科学や医療分野でも着目されている「運動学習理論」に基づいていることがあります。

(1)介護職が中心に行う

筆者は介護の専門性とは「自立支援介護」そのものだと考えています。「自立支援介護」が唯一の理論というわけではありませんが、介護職だけで効率的に安全に再現性のある一定の成果が出せるのは「自立支援介護」しかないと思います。

(2)「歩行」に着目している

ある程度の規模の病院のリハビリ室には、日常生活動作（ADL）の訓練のために、本物のトイレやお風呂等が置いてあります。作業療法士と一緒にトイレ・

入浴等の動作を練習します。一連の動作ができるようになれば「自立」となるわけですが、これが自宅に戻るとどうでしょうか。いくらトイレ等の動作ができても、リビングやベッドからトイレ等まで行くことができなければ何もできません。つまり、**すべてのADL・IADLは「マスターしたい動作」と「そこまでの移動動作」の組み合わせであると**いうことがわかります。そうすると、重要なのは「歩行」となります。

(3)「運動学習理論」に基づいている

人間の行う複雑な動作や運動に関する理論に、運動学習理論があります。運動学習理論には2つ特徴があります。1つ目は「**マスターしたい動作そのものをひたすら繰り返し練習する必要がある**」というものです。そうすることで、脳の運動野にその動作や運動に関する回路ができあがります。例えば、自転車に乗れない人が自転車に乗るためには、繰り返し乗る動作を練習するしかありません。もし、筋力が問題の場合、足の筋力を鍛えるだけで自転車に乗れるのでしょうか？　答えは「ノー」です。歩行も同じです。歩けなくなった高齢者に下肢筋力増強訓練を施すよりも、実際に歩いてもらうことが重要です。

運動学習理論のもう1つの特徴は**「マスターした動作や運動をやめてしまうと徐々に回路が消え、動作や運動がぎこちなくなってできなくなってしまう」**ということです。要介護高齢者が歩けなくなるのは、病気等で長期臥床したり、家に閉じこもったりして歩く機会が減るからです。

要介護高齢者が歩けるようになるには

（1）～（3）を踏まえると、要介護高齢者が再び歩けるようになるにはひたすら歩く練習をすればよいということになります。しかし、車椅子や寝たきりの方に「歩きましょう」といって簡単に歩けるのであれば我々は苦労しません。それを阻害する要因を1つずつ丁寧に取り除いていく作業が必要です。それが①脱水、②低栄養、③下剤眠剤等の薬、④低活動、⑤低意欲です。

利用者の機能訓練メニュー等を考える際には、①～⑤の阻害要因を踏まえ、検討するとよいでしょう。本書では、詳しい解説を省きますので、気になる方は書籍『介護の生理学』（竹内孝仁ら，２０１３）等をご覧ください。

すべての生活の根幹は歩行

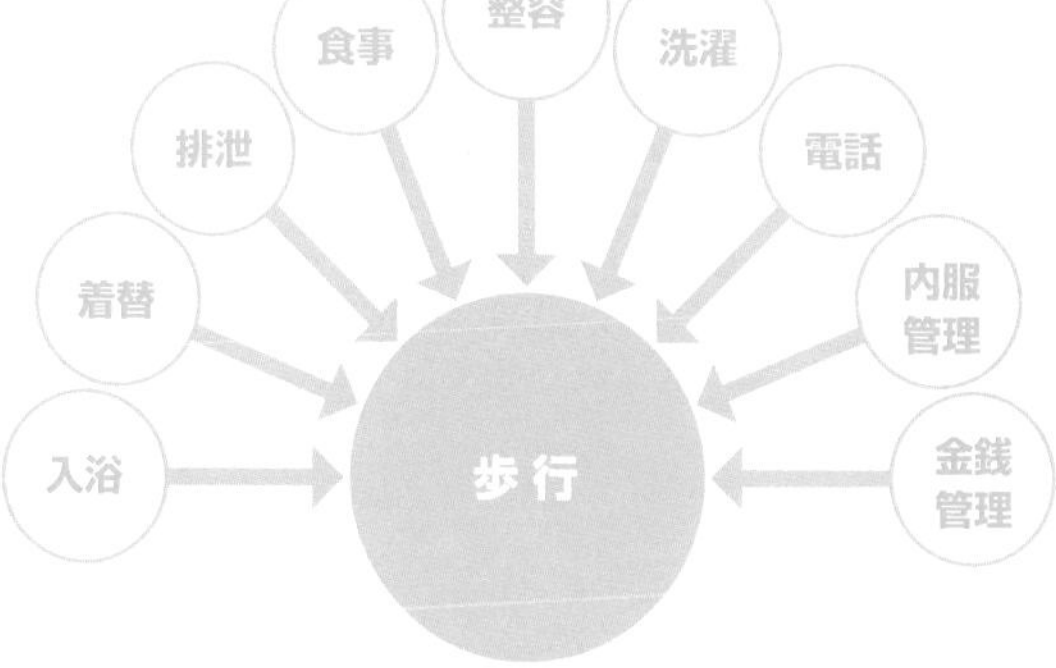

※『介護の生理学』（竹内孝仁ら，2013，秀和システム）P.137 図5-1を改変し転載

事例

ポラリスの自立支援介護に関する取り組み

社会を変えるには、実際に効果のある実践が必要です。

株式会社ポラリス
代表取締役 森剛士

全国に自立支援介護を広げたい

ポラリスでは、特別養護老人ホーム（特養）での「オムツ外し運動」から**自立支援介護**を始めました。この運動は「家に帰るにはオムツを外す必要がある」ということから生まれたものです。筆者は、在宅復帰も大切ですが**施設に入る手前で食い止める「在宅生活維持」**も重要だと常々思っており、デイサービスのフィールドで自立支援介護を広げるべきだと考えました。

ポラリスでは、現在70か所の自立支援特化型デイサービスで自立支援介護を提供しています。また、自立支援介護を行うようになってからの6年間で、約700名の利用者の介護保険卒業をサポートしてきました。ここでは、この6年間に行ってきた取り組みを具体的に説明していこうと思います。

ポラリスの自立支援介護に関する取り組み

❶ 被災地でデイを立ち上げ
避難することで介護サービスを受けられなくなる状況を改善

❷ 大企業と高齢者福祉を支える
ポラリス１社では実現が難しい「AI」や「医療」と介護の連携

❸ 地域のお寺と連携
お寺に来られる方への自立支援を、住職と協働で行う

❹ 自立支援介護のモデル市
市内の介護施設や社会福祉協議会等と勉強会等を実施

❺ 非日常の空間×介護
ホテルで滞在しながら、リハビリ等の介護サービスを受けられる環境づくり

❻ アジアで介護事業を展開
現地と日本の介護問題の解決に向けて、日本の介護技術をほかの国へ

❶被災地でデイを立ち上げ

筆者が医学部5回生のとき、阪神淡路大震災を経験しました。当時、様々なボランティア活動を経験するなかで、体育館に避難していた元気な高齢者の方々が、**たった1～2週間で寝たきりになっていく姿**に大変驚きました。その経験があったため、東日本大震災が起きたとき筆者はすぐに現地入りし、苦労しつつも物件を見つけ、震災から約5か月後には被災地に1つ目のデイを立ち上げました。仮設住宅には、心身とも弱りきってどうしてよいかわからない方も大勢おられ、そういった方々に大変喜ばれました。なかには「もっと早く来てほしかった」という方もおられ、今でもこの経験は大きな教訓となっています。現在は、仙台市（宮城県）内に3か所、郡山市（福島県）と多賀城市（宮城県）にそれぞれ1か所デイがあります。

❷大企業と高齢者福祉を支える

ポラリスは、パナソニック株式会社やミサワホーム株式会社と資本業務提携を締結し、自立支援介護を日本や世界へ広げる取り組みを行っています。パナソニック株式会社とは、自立支援介護をAIで行うことで質の高い介護を再現性高く実施できるような**「高齢者福祉のプラットホーム」**を構築しようとしています。また、ミサワホーム株式会社とは**「高齢者が元気なまちづくり」**に関する取り組みを行っています。ポラリス1社だけでは社会に大きなインパクトを与えることは難しいですが、このような大きな企業や国・地方自治体・大学・NPO・NGO等と組むことで、筆者の夢、ポラリスの夢を実現していきたいと考えています。

❸地域のお寺と連携

ポラリスは**「地域包括ケアシステム」**にも取り組んでいます。このシステムは、半径約2キロのエリアごとに「住まい・医療・介護・予防・生活支援」が一体的に提供されるよう、医療・介護・福祉サービスを連携させるものです。

筆者は「理想的な地域包括ケアシステムとはどのようなものであるべきか」をずっと考えてきました。そこで、起業当初から注目していた「お寺」と何かできないかと思いました。昔はお寺が地域の中心で、高齢者は病気や怪我をするとお寺で祈り、子供たちは寺子屋で学びました。また「駆け込み寺」という言葉は現在でも広く使われています。

それなら現代においても**お寺で何かできるのではないか**、と考えたのです。私が講演やSNSでこういった考えを話していると、津市（三重県）にある聖徳太子ゆかりのお寺「四天王寺」の倉島住職からお話をいただきました。現在「祈りの力は高齢者を元気にする一助になるのではないか」という仮説のもと、**デイサービスのプログラムの始めに住職からのお話（講和）**の時間を設けています。また、お寺のなかに様々な散歩コースをつくっていただいたりもしています。

効果はあり、車椅子だった方が「本堂に歩いて参拝したい」等の目標を掲げられ、見事目標を達成された方もおられます。将来は大学等と連携して、エビデンス等のかたちで公表していく予定です。

❹自立支援介護のモデル市

様々な取り組みを行うなかで、日本中に自立支援介

自立支援に関する講演の様子（お寺にて）

護を広げるために「**モデルとなる市町村**」をいくつかつくり、それを**横展開**する必要があると考えました。

ポラリスは令和3年12月に高石市（大阪府）と業務提携し、翌1月に市の施設の中に「デイサービスセンター伽羅橋《きゃらばし》」をオープンさせました。オープンから半年が経過した現在、利用者10名に対して認定調査が実施され、介護度改善6名、維持4名、悪化0名、改善率60％という実績を上げています。

また、市内の介護施設や社会福祉協議会、ケアマネジャー等と勉強会やカンファレンスを実施し、**市全体の自立支援介護力を上げ**、健康寿命を延伸しつつ「日本一高齢者が元気な街・高石市」を目指しています。

❺非日常の空間×介護

ポラリスでは株式会社ロイヤルホテルやハウステンボス株式会社と業務提携して「要介護高齢者の方々に1～3か月間ホテルに滞在していただき、元気になって地元に帰ってもらう」という取り組みを行っています。本取り組みでの「元気になる」とは、主に「歩けるようになること」を指しており、ホテル滞在期間は**観光やリゾート空間を楽しみつつ、一人ひとりに合わせたリハビリが提供**されます。また、一定基準に基づき歩けるようにならなかったら、宿泊費以外の費用はお返しするという保証制度もあります。サービス利用前、車椅子で移動されていた方が、1か月間のホテル滞在で車椅子が外れ、予定より早くご自宅にお帰りになられる等、きちんと効果もみられています。

令和3年には大津大江（滋賀県）に日本初の自立支援型・短期滞在型サービス付き高齢者住宅とデイサービスを組み合わせた複合施設を立ち上げました。今後も、様々なかたちで「非日常の空間での滞在×介護サービス」を実現していこうと思っています。

❻アジアで介護事業を展開

ポラリスでは、海外への展開も行っています。令和4年の6月**ベトナムのハノイに自立支援型デイサービスをオープン**させました。数年前ベトナムの政府関係者から「日本の介護保険制度は贅沢すぎてベトナムには導入できない」といわれました。その言葉がきっかけとなり、ベトナムに進出するための本格的な検討が始まりました。

そして、アジアの自立支援の中心になるのは日本ではなくベトナムではないかと考えました。ベトナムは先の戦争で多くの人を失ったため国全体の平均年齢は若いですが、高齢者が少ないため日本の1・7倍のスピードで高齢化が進むといわれています。中国も一人っ子政策により、似たような課題を抱えています。経産省やJICAから、ベトナムでのデイサービス事業についての補助金や調査業務の委託を受け、数年間準備を行い、ハノイでの自立支援型デイサービスのオープンが実現しました。

現在、日本には多くの技能実習生が海外から来ていますが、介護経験が少ないため介護現場への負担が大きくなってしまっています。日本の介護事業を海外に展開することで、自立支援介護を自国（海外）で学んでから来日する環境をつくれると考えます。また、最終的に日本に来た技能実習生たちは、ベトナムに戻って母国の高齢者福祉に自立支援介護のノウハウで、大きく貢献することができるのです。

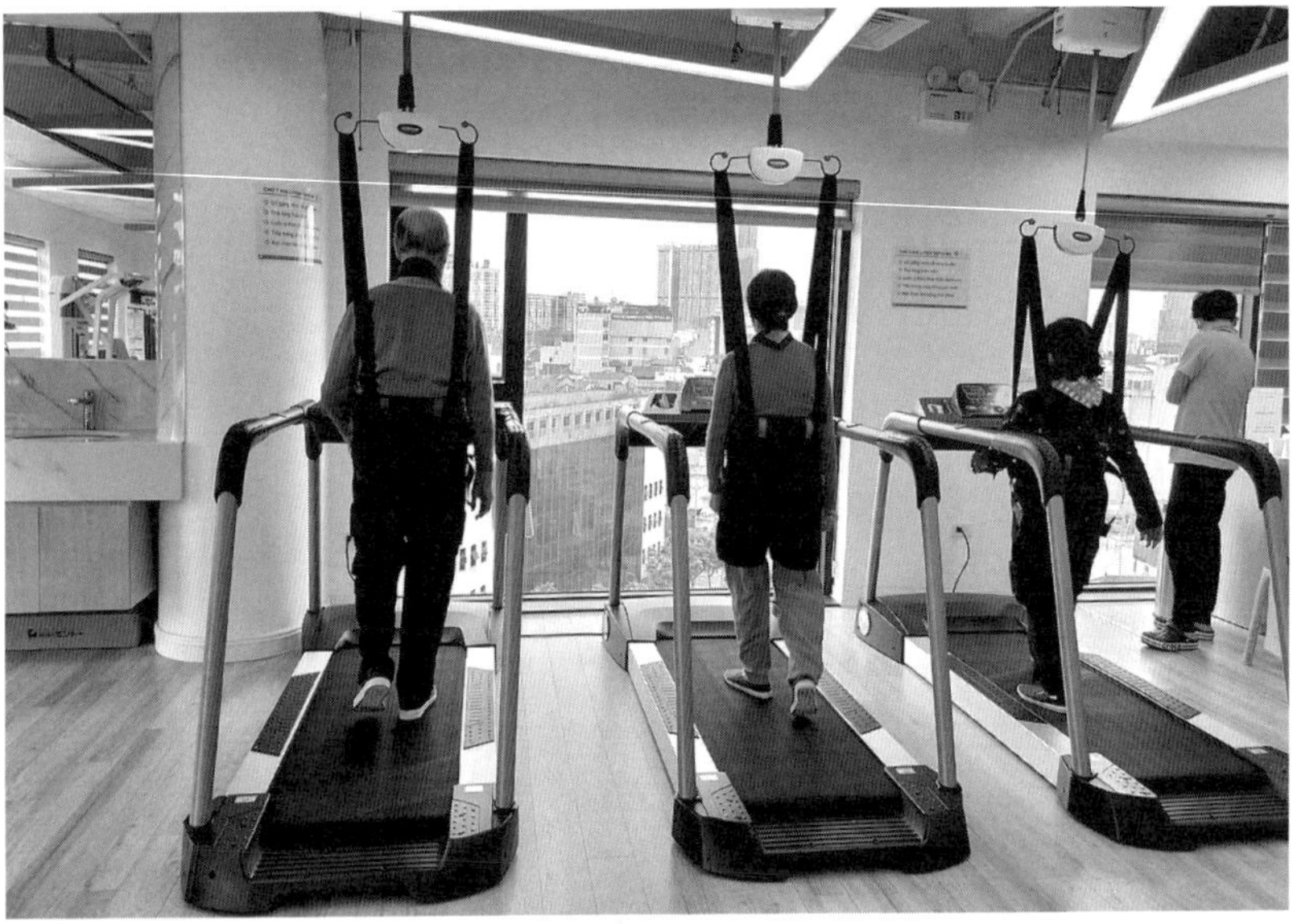

自立支援型デイサービスの風景（ベトナムにて）

巻末資料

LIFEに関する主なQ＆A

出典：「LIFEの入力方法に関するQ&A」（厚生労働省）

※巻末資料は155ページから始まります。ページ番号の横にある「資料-01」「資料-02」の順に読み進めてください。
※また、QAの順番は出典元に合わせています。

【全般に関する事項】

Q1－1

データの提出期限については、各月に評価したデータを翌月10日までに提出することになっているが、評価月の1日から10日までの期間にデータ提出を行ってもよいか。

A1－1

差し支えない。例えば、10月1日に施設の利用を開始した方について、11月10日までにデータ提出することになるが、10月1日～10日の間にデータ提出して差し支えない。

Q1－2

利用者の保険者番号又は被保険者番号に変更があった場合、当該利用者の様式情報を入力するためには、新たに利用者情報を登録する必要があるが、データの提出時期はどのように考えればよいか。

A1－2

例えば、科学的介護推進体制加算については、4月評価分のデータを提出し、5月に保険者番号又は被保険者番号が変わった場合には、5月評価分のデータを提出する必要はなく、次は10月評価分のデータを提出して差し支えない。他のLIFE関連加算についても同様である。

Q1－3

科学的介護推進体制加算については、サービスの利用終了時におけるデータを提出する必要があるが、利用予定日に利用がなく、その後も利用がなく、あとから利用終了日が判明した場合には、どのようにデータを提出すればよいか。

A1－3

利用終了日の判断がつかなかった場合には、利用終了日の翌月10日を過ぎ

ていたときであっても、利用終了の判断がついた時点で、速やかに利用終了日のデータを可能な範囲で提出すれば差し支えない。例えば、10月20日に通所リハビリテーションを利用し、11月15日が利用予定日であったが、11月15日の利用がなく、以降の利用もない場合には、10月20日時点の情報を速やかに提出する。ただし、データの提出が困難であった理由について、介護記録等に明記しておく必要がある。なお、長期間利用実績がない利用者については、利用意向の確認をすることが望ましい。

Q 1－4

データの提出に当たって、様式情報をまとめて入力しなくてもよいか。例えば、科学的介護推進体制加算について、総論をいったん提出し、翌月10日までに残りの項目を提出しても良いか。

A 1－4

差し支えないが、一時保存を利用し、全ての項目を入力してから登録することが望ましい。

Q 1－5

利用者が要介護度の区分変更申請を行っている場合に、「要介護度」の欄のデータはどのように入力すればよいか。

A 1－5

当該利用者については、区分変更申請中のため、変更前の要介護度で提出しても、空欄として提出しても、要介護度が確定次第速やかにデータを提出しても、どれでも差し支えない。ただし、データの提出が困難であった理由について、介護記録等に明記しておく必要がある。

Q 1－6

科学的介護推進体制加算について、利用者が要介護認定の申請を行っている場合に要介護度が確定した後に、遡っての算定（月遅れでの請求）を行ってよいか。

A1−6

要介護認定の申請期間中については、算定要件を満たしていれば、遡って算定を行って差し支えない。その場合、申請中のため、データ提出については、要介護度を空欄で提出しても、要介護度が確定次第速やかにデータを提出してもどちらでも差し支えない。ただし、データの提出が困難であった理由について、介護記録等に明記しておく必要がある。※他の加算の様式についても同様である。

Q2−1

LIFEの入力画面には、各種様式に示されていない項目が存在するが、そうした項目については、任意項目として判断してよいか。

A2−1

差し支えない。

Q2−2

LIFEにおいて、入力が必須である項目は、どのように判断すればよいか。

A2−2

「科学的介護情報システム関連加算に関する基本的考え方並びに事務処理手順及び様式例の提示について」（令和3年3月16日付け老発0316第4号）の様式に記載のとおりである。

Q2−3

LIFEにおいて、入力したい内容が、各項目の選択肢から見つけられない場合には、どのように入力すればよいか。

A2−3

未入力で差し支えない。ただし、評価・把握が必須となっている項目については、当該項目の情報を記録及び保管する必要がある。保管に当たっては、紙や電子データ等の形式は問わない。

Q2－4

入力が必須である項目について、記載できない項目がある場合には、どのように入力すればよいか。

A2－4

例えば、

・通所サービスの利用者について、情報を提出すべき月の中旬に評価を行う予定であったが、評価前に緊急で入院することになった場合や、

・データを入力したにもかかわらず、システムトラブル等により提出ができなかった場合

等のやむを得ない場合には、入力しなくて差し支えない。また、提出する情報については、例えば、全身状態が急速に悪化した入所者について、入力が必須である体重等が測定できなかった場合には、当該項目は入力しなくて差し支えない。ただし、入力が困難であった理由について、必要に応じて確認できるように、介護記録等に記録する必要がある。

Q2－5

必要な情報を記入し提出期日までに提出した様式を、提出後に修正した場合、履歴には初回確定日と最終更新日付のみが残ることになるが、提出期日までに提出したと判断してよいか。

A2－5

必要な情報を記入し提出期日までに提出していれば、差し支えない。ただし、提出期日までに提出したことについては、記録等により必要に応じて確認できるようにしておく必要がある。

Q2－6

発症年月日が不明な場合、どのように入力すればよいか。

A2－6

「年」については、70歳頃あるいは80歳頃のように、大体の発症年について、対応する「年」を入力すれば差し支えない。「月」については、不明な場

合は、「6月」と入力すれば差し支えない。「日」については、不明な場合は、「15日」と入力すれば差し支えない。

Q2－7

LIFEのアップデートに伴い入力項目に変更があった場合に、過去に登録した様式をアップデートに適合するように修正しなければならないのか。

A2－7

入力項目の変更前に登録した様式については、修正する必要はない。

Q3－1

LIFE関連加算の要件において、事業所又は施設における利用者又は入所者全員を対象として、入所者ごとにデータ提出を提出することとしている加算がある。こうした加算について、例えば、通所リハビリテーションと介護予防通所リハビリテーションを提供している事業所において、通所リハビリテーションのみで科学的介護推進体制加算を算定する場合には、介護予防通所リハビリテーションの利用者のデータも提出しなければならないのか。

A3－1

データ提出の対象となる利用者又は入所者については、サービス毎の利用者又は入所者全員を指す。そのため、Q3－1の例の場合、通所リハビリテーションのみで科学的介護推進体制加算を算定するときは、通所リハビリテーションの利用者全員のデータを提出すればよく、介護予防通所リハビリテーションの利用者のデータを提出する必要はない。

Q3－2

LIFE関連加算の要件において、少なくとも6月又は3月に1回の頻度で評価の見直しやデータの提出が求められているが、6月又は3月というのは日数換算（180日又は90日）ではなく、月単位で考えればよいか。

A3－2

6月又は3月は月単位を指す。

Q3－3

LIFEへの提出情報及びフィードバック情報は、どのように活用すればよいか。

A3－3

PDCAの推進及びケアの向上を図る観点から、LIFEへ提出した利用者の状態の評価結果等の情報等を活用することとしている。具体的な活用方法については、LIFEから今後提供される事業所単位・利用者単位のフィードバック票を活用する他、利用者の状態の評価結果を踏まえ、各施設において検討を行い、ケアの提供に役立てる等、様々な方法が考えられる。

Q3－4

LIFEへのデータ提出の経過措置に係る計画書や、やむを得ずデータを提出できない場合に作成した記録等の保管期間はどのように考えればよいか。

A3－4

通常の介護保険に関する文書と同様の取扱いとなる。

【科学的介護推進体制加算】

Q1－7

科学的介護推進体制加算について、利用者が、介護予防通所リハビリテーションから通所リハビリテーションに切り替えてサービス利用する場合、当該利用の様式情報を入力するためには、新たに利用者情報を登録する必要があるが、データの提出時期はどのように考えればよいか。

A1－7

介護予防通所リハビリテーションの利用が終了し、通所リハビリテーションの利用が開始されているため、介護予防通所リハビリテーションの終了時におけるデータを提出するとともに、新たに利用者情報を登録した上で、通所リハビリテーションの開始時におけるデータを提出することが望ましい。

Q1－8

科学的介護推進体制加算の「服薬明細情報（服薬情報）」について、どのように入力すればよいか。

A1－8

「調剤等年月日」は、処方開始日を入力する。「処方番号」は、必要に応じて任意の数字を入力する。「薬品名称」は、薬剤名を選択する。薬剤のメーカー名が不明な場合は、任意のメーカーのものを選択して差し支えない。「用量」は、1日当たりの用量を入力する。A錠5mgを1日3錠（15mg）内服している場合は、用量「3」・単位「錠」又は用量「15」・単位「mg」と入力する。「調剤数量」は処方日数を入力する。長期にわたる処方である場合には、「調剤数量」は空欄として差し支えない。また、継続的に処方して終了日が分からない場合にも、空欄として差し支えない。なお、処方薬がない場合には、「服薬情報」を入力しなくて差し支えない。

Q1－9

科学的介護推進体制加算の「服薬明細情報」について、「剤形コード」で「注射」を選択すると、「調剤数量」が「1」となり編集ができないが、どのように入力すればよいか。

A1－9

現時点では、システム上の仕様であるため、上記のような場合は、「調剤数量」は「1」のままで提出して差し支えない。

Q1－10

科学的介護推進体制加算の「服薬明細情報」について、頓用薬はどのように入力すればよいか。

A1－10

頓用している薬剤については、「調剤等年月日」、「調剤数量」は空欄でも差し支えない。

Q1－11

科学的介護推進体制加算の「服薬明細情報」について、服薬情報が変わるたびにデータの提出が必要なのか。

A1－11

評価時の服薬情報を入力すれば差し支えない。ただし、前回提出以降、処方内容に変更があった場合には、可能な範囲で入力することが望ましい。

Q1－12

科学的介護推進体制加算の「栄養補給法」について、「嚥下調整食品の必要性」で「なし」を選択すると、「食事の形態」が「常食」となり、編集ができない。経管栄養のように経口摂取をしていない場合等は、「嚥下調整食品の必要性」は「なし」ではあるが、「常食」ではないが、どのように入力すればよいか。

A1－12

現時点では、システム上の仕様であるため、上記のような場合は、「食事の形態」は「常食」のままで提出して差し支えない。

Q1－13

科学的介護推進体制加算の「栄養補給法」の「食事摂取量」について、経管栄養のように経口摂取をしない場合の摂取量はどのように入力すればよいか。

A1－13

100%と入力することが望ましいが、0や空欄でも差し支えない。

おわりに

フィードバック票の活用次第で施設・事業所の評価は変わっていく

現在も増え続ける新規登録事業者

ＬＩＦＥがスタートした時点（令和３年）では、多くの介護サービス関係者はＬＩＦＥに大きな可能性と希望を抱いていました。しかし待っていたのは、連続するトラブルと不十分なフィードバック票でした。

そのようななか、ＬＩＦＥの活用を止める事業者はごくわずかで、現在も引き続き新規の登録事業者数が増えています。そこには、今後の介護保険法改正や介護報酬改定への不安があると思います。

ケアの質が優れていることをアピールする時代は終わる

令和３年度の介護報酬改定では、ＬＩＦＥが多くの加算に関連づけられたこともあり、堅実な介護ケアを提供する施設・事業所が高く評価されることが期待されました。

これまでは、介護事業所の提供する機能訓練等のサービスの評価は、事業所側の主観（一方的）で「ケアの質が優れていることをアピールしたもの勝ち」の側面が少なからずありました。ケアの質を施設・事業所間で比較する際の「物差し」（全国標準値）がなかったために、運営指導の指導員や利用者等は、その施設・事業所の言い分を受け入れるしかなかったのです。

今後、ＬＩＦＥが軌道にのることで、ケアの質の「物差し」（全国標準値）ができあがり、それによってケアの質の評価も標準化されていくでしょう。結果として、利用者やその家族も、一定の基準に準拠して優良なサービスを提供する施設・事業所を選ぶことができるようになります。また、全国標準に届かないサービスを提供する施設・事業所は、利用者やその家族から選ばれないようになっていくでしょう。

加算が目的だとしてもフィードバック票をきちんと活用する

ＬＩＦＥのポイントは「データ提出」ではなく「ＬＩＦＥ（データベース）から提供されるフィードバック票の活用」です。これからは、フィードバック票の活用方法次第で、ケアの質について、他施設・事業所と差をつけていくことができるようになるでしょう。

ＬＩＦＥ関連加算の算定が目的であったとしても、定期的に利用者の状況を評価する習慣をつけましょう。そうすることで、確実に職員のスキルがアップし、ひいては施設・事業所のケアの質の向上につながります。

また、ケアの担当者が、直接ＬＩＦＥにデータを入力することで、利用者や機能訓練等のメニューに関する新たな気づきを得ることができるかもしれません。

ＬＩＦＥはこれから大きく変化していく

いよいよ、加算別・利用者別にデータがグラフ化されて、提供される日が近づいてきました。すでに、サンプルデータは厚生労働省のサイト等で公開されています。

フィードバック票については、ここ2年の状況から「まったく使い物にならない」というのが定説でした。しかし、これからは正式なフィードバック票等も提供されるようになり、どんどん成長していくでしょう。

この書籍を一読いただくことで、フィードバック票の有無にかかわらず、ＬＩＦＥには多くのメリットがあるということを理解し、活用していただければ幸いです。

2023年2月　小濱 道博

著者紹介

小濱道博（こはま みちひろ）

小濱介護経営事務所代表。介護事業経営研究会最高顧問。一般社団法人医療介護経営研究会専務理事。介護経営コンサルタントとして、全国の介護施設等への個別支援を行う。近年は、全国の介護保険施設にてBCP作成およびLIFE活用コンサルティングを中心に活動。多くの支援実績を有する。介護事業経営セミナーの開催実績は北海道から沖縄まで全国で年間300件以上。全国各地の自治体主催講演、各介護協会、社会福祉協議会主催での講師実績多数。専門誌への連載、寄稿も多数ある。

執筆担当：第1～4章、第5章（取材・本文確認）

小林香織（こばやし かおり）

株式会社ベストワン代表取締役。一般社団法人コグニティブ・サポート代表理事他。BCPコンサルティングは、全国の介護施設での指導実績多数。講演実績多数。心理学を用いたストレス対策、メンタルヘルスに関する講演、個別コンサルティングを主に介護施設・事業所を対象に行っている。自社主催セミナーも月1回のペースで開催。コロナ禍対策で職員のメンタルケアが急務ななかで介護施設の個別研修・指導を行う。

執筆担当：第2章事例・第3章事例・第5章の現地取材および取りまとめ
※第5章対談の文字おこしについては小林柔斗、小林心音も担当

森剛士（もり つよし）

一般社団法人日本自立支援介護・パワーリハ学会理事。一般社団法人全国介護事業者連盟 理事。一般社団法人日本デイサービス協会理事長。ケアテック協会常務理事。株式会社ポラリス代表取締役。外科医、リハビリ医を経て高齢者・慢性期リハビリテーション専門のクリニックを兵庫県宝塚市に開設、ポラリスグループをスタート。地域密着型社会貢献事業として自立支援特化型デイサービスを全国70か所に展開中（令和5年2月時点）。

執筆担当：第6章

執筆協力

井口健一郎（いぐち けんいちろう）

社会福祉法人小田原福祉会理事。南部エリアマネジャー。特別養護老人ホーム潤生園施設長。潤生園総合サービスセンター管理者。潤生園高齢者総合サービスセンター管理者。認定介護福祉士養成研修をはじめ、国内外での現任者への指導・教育も行っている。専門誌への連載、寄稿も多数。

執筆担当：第５章

迫田武志（さこだ たけし）

エヌ・デーソフトウェア株式会社戦略マーケティング部シニアマネージャー。令和４年度厚生労働省老人保健健康増進等事業「介護ソフトの機能分類と導入ポイントに関する調査研究」委員。全国介護事業所、障害事業所向けシステムの開発・販売・運用支援の提供。介護事業所52,000事業所、障害事業所19,900事業所へ導入（令和４年３月時点）。

執筆担当：第１章５

大里洋志（おおさと ひろし）

株式会社ケアスマイル青森／４MS株式会社代表取締役。介護事業経営研究会スペシャル顧問。日本オリンピック委員会医科学スタッフ委嘱（2012年〜2020年）。リハビリ特化型短時間デイサービスの運営・訪問看護・居宅介護支援所等を経営。近年では身体機能評価システム「４MS」を発明し特許（特願2020-217327）を取得。

執筆担当：第３章事例、読者特典

小室貴之（こむろ たかゆき）

株式会社楓の風代表取締役。民間企業、病院勤務、医療法人経営を経て2001年NPO楓の風を設立、創業。同代表理事に就任。17拠点の訪問看護、42拠点の通所介護、５拠点の在宅療養支援診療所を運営。2017年より自立支援ケア養成講座（IDD）を開講。共著に『ホスピタリティマネジメント：活私利他の理論と事例研究』（吉原敬典 編著, 白桃書房, 2014）がある。

執筆担当：第２章事例

竹下康平（たけした こうへい）

株式会社ビーブリッド代表取締役。（一社）日本ケアテック協会専務理事／事務局長。（一社）介護離職防止対策促進機構理事。介護・福祉事業者向けDX伴走支援サービス『ほむさぽ』を軸に、介護業務でのICT利活用と促進に幅広く努めている。介護・福祉事業者向けICT関連講演の実績も多数。

執筆担当：第１章８

山村樹（やまむら いつき）

Future Grip研究所所属。Educarealize Group経営戦略室長。全国の700件の介護福祉施設を行脚し、一貫して介護福祉に特化した経営コンサルティングを展開。支援実績180件。現在は、Educarealize Groupの後継者としても活動しながら、業界初の次世代コミュニティ支援サービス「エフジーラボ」を開発している。

執筆担当：第１章コラム（46ページ）、第４章コラム

SHOEISHA iD 会員特典※
以下のサイトから会員特典PDFをダウンロードして入手いただけます。

https://www.shoeisha.co.jp/book/present/9784798177533

●購入特典PDF
ADL改善：ベース16エクササイズ

※会員特典データのダウンロードには、SHOEISHA iD（翔泳社が運営する無料の会員制度）への会員登録が必要です。詳しくは、Webサイトをご覧ください。
※会員特典データに関する権利は著者および株式会社翔泳社が所有しています。許可なく配布したり、Webサイトに転載することはできません。
※会員特典データの提供は予告なく終了することがあります。あらかじめご了承ください。

装丁　河南 祐介（FANTAGRAPH）
カバーイラスト　児島 衣里
DTP　株式会社シンクス

これならわかる<スッキリ図解>
LIFE《ライフ》 科学的介護情報システム

2023年 3 月22日　初版第1刷発行
2023年 7 月 5 日　初版第2刷発行

著者　小濱《こはま》 道博《みちひろ》、小林《こばやし》 香織《かおり》、森《もり》 剛士《つよし》
発行人　佐々木 幹夫
発行所　株式会社 翔泳社（https://www.shoeisha.co.jp）
印刷・製本　日経印刷 株式会社

本書へのお問い合わせについては、6ページに記載の内容をお読みください。

造本には細心の注意を払っておりますが、万一、乱丁（ページの順序違い）や落丁（ページの抜け）がございましたら、お取り替えいたします。03-5362-3705までご連絡ください。

ISBN978-4-7981-7753-3　Printed in Japan